NUMBER 353

THE ENGLISH EXPERIENCE

ITS RECORD IN EARLY PRINTED BOOKS
PUBLISHED IN FACSIMILE

SIR THOMAS MORE

THE SUPPLYCACYON
OF SOULYS

N.P.,N.D.

DA CAPO PRESS
THEATRVM ORBIS TERRARVM LTD.
AMSTERDAM 1971 NEW YORK

The publishers acknowledge their gratitude
to the Provost and Fellows of King's College, Cambridge
for their permission to reproduce
the Library's copy

(Shelfmark: M.33.24^1)

S.T.C. No. 18092
Collation: A-L^4

Published in 1971 by
Theatrum Orbis Terrarum Ltd.,
O.Z. Voorburgwal 85, Amsterdam
&
Da Capo Press
- a division of Plenum Publishing Corporation -
227 West 17th Street, New York, 10011
Printed in the Netherlands
ISBN 90 221 0353 6

The supplycacyon of soulys

Made by syr Thomas More knyght councellour
to our souerayn lorde the Kynge and
chauncellour of hys Duchy
of Lancaster.

Agaynst the supplycacyon of beggars.

IN most pytuouse wyse cōtinually calleth & cryeth vppon your deuout cherite & moste tēder pyte/ for helpe cūfort & relyefe/ your late aquayntaūce/ kin dred/ spouses/ cōpanions/ play felowes/ & frēdes & now your humble & vnacquaynted & halfe forgo tē supplyaūts/ pore prysoners of god y sely soules in purgatory/ here abydyng & enduryng y greuouse paynes & hote clensynge fyre/ y freteth & burneth owte y rusty & fylthy spottes of our synne/ tyll y mercy of almighty god y rather by your good & cherytable meanes/ vouchesaufe to delyuer vs hense.

¶ From whēse yf ye meruayll why we more now moleste and trouble you wyth our wrytyng then euer we were wonte byfore: yt may lyke you to wyt and vnderstand/ that hytherto/ though we haue bene wyth many folke mych forgoten of neglygēce/ yet hath alway good folke remembred vs/ and we haue bene recommended vnto god and eased/ holpen/ and relieued/ both by the pryuate prayers of good vertuouse people/ and specyally by the dayly masses & other gostely suf frages of preestes/ relygyouse/ and folke of holy churche. But now syth that of late there are spronge vp certayne sedycyouse persones/ whych not onely trauayle and labour to dystroy them by whome we be mych holpen/ but also to sowe and sette forth such a pestylent opy nyon agaynst our selfe/ as ones receyued and byleued among y peo ple/ must nedys take frome vs the relyefe & cūforte that euer shuld come to vs by the cherytable almesse/ prayour/ and good workes of the world: ye may take yt for no wonder though we sely soulys that haue longe lyen and cryed so farre frome you that we seldome brake your slepe/ do now in thys oure great fere of our vtter losse for euer of your louyng remembraunce and relyefe/ not yet importunatly by reue you of your reste wyth cryenge at your eares at vnseasonable tyme when ye wold (as we do neuer) repose your self and take ease/ but onely procure to be presented vnto you thys pore boke thys hum ble supplycacyon of owrs / whyche yt may please you yceff meale at your leysure to loke ouer for all sely soulys sake: that yt may be as an holsome tryacle at your harte agaynst the dedely poyson of theyre pestylent psuasyon/ that wold bryng you in that errour to wene there were no purgatory. Of all whych cruell persones so procuring not y mynyshement of your mercy toward vs/ but the vtter spoyle & rob bery of our hole helpe and comforte that shuld come from you: y ve ry wurste and thereby the moste dedely deuysour of our paynys and heuynes (god forgeue hym) ys that dyspytuouse & dyspytefull per son/ Which of late vnder pretexte of pyte/ made and put forth among

you/

you/a boke that he namyd the s..pplycacyon for the beggars/a booke in dede nothynge lesse intendyng/ then the pyte that yt pretendeth:nothyng myndyng yͤ weale of eny mã / but as we shall hereafter shew you/ mych harme and myschyefe to all men / and among other great sorow dyscũfort and heuenysse vnto vs your euen crysten and nygh kynne/ your late neyghbours and plesaunt companyõs vppon erth/ and now pore prysoners here.

¶ And albe yt yͤ hys vnhappy boke/ doth for our owne pte towche vs very nere:yet we be mych more moued to geue yͤ world warnyng of hys venymous wrytynge/for the dere loue ⁊ cheryte that we bere to you/then for the respecte of our awne relyefe. For as for vs/albe yt that the gracyouse helpe of your pryour/ almesse dede / and other good warkis for vs/may be the meanes of relyeuyng and releasyng of our presẽt paynis/yet such ys the mercyfull goodnes of god /that though the hole world wold clene forgete vs/ yet wold his mercy so remember vs/that after temporall punysshement and purgyng here he wyll not fynally forgete to take vs hense:and wypyng all yͤ terys owt of our eyẽ/ translate vs at sondry tymes as hys hygh wysedom seeth conuenyent/in to that eternal heuenly blesse/ to whych his holy blyssyd blood hath bought vs. But surely to you worldly people lyuynge there vppon erth/not onely for this present tyme/but also for as longe as thys world shall endure: the wreched maker of that vngracyouse boke (whome god giue onys the grace to repẽte ⁊ amend) yf folke were so fonde to folowe hym/shulde not fayle to worke/as well myche worldely trouble to euery kynde of people/as ouer that (whych most losse were of all) to brynge many a good symple soule/ for lakke of belefe of purgatory/the very straght way to hell.

¶ And the case so standynge/there wold we thynke no man dowte/ but thoughe the man that made the boke were well knowen amonge you and in holde also/ whereby hys heyghnouse treason to god and yͤ world dysclosed ⁊ declared by vs/ he myght be in parell of exquysyte paynefull punysshement: yet we both myght and ought/ rather to put hym in the daunger of hys awne demeanure / then for the sparyng of hys iuste correccyon/ tosuffer hym abuse yͤ people wyth hys pestylent wrytynge / to the inestymable harme of the hole worlde in goodys / body / ⁊ sowle. And syth we so myght of reason/ ⁊ so shuld of cheryte though the man were knowen and taken/ how myche may we nowe more frankely tell you all and nothynge shall nede to spare hym/syth hys boke ys nameles/ ⁊ so hym self among you vnknowẽ and therby owte of the parell of eny punysshement for hys vnhappy dede?

¶ But for that both ye ⁊ he shall well perceyue/that we desyre but your weale and ours by gyuyng you warnynge of hys malyce / and

nothyng entend to procure hys punysshement/Whyche we rather be=
seche our lord of hys mercy to remy. & ye shall vnderstand that ney=
ther ys his name nor persone vnknowen among vs/and therfore we
might well discouer hym yf we were so mynded. &for there is not
onely some of hys acquayntaūce and counseyll/whome god gaue or
theyre deth the grace to repente/comen hyther to purgatory/nothyng
more now lamentyng among vs/then theyre cruell vnkyndenesse to
ward vs/in geuyng counseyll agaynst vs/to the makyng of that vn
gracyouse Boke / wyth infydelyte and lakke of bylyefe of the pour=
gyng fyre whych they now fynde and fele: But he ys also named and
bosted among vs by that euell aungell of hys / owre and your goste=
ly enemy the deuyll. Whych as sone as he had set hym a wurke wyth
that pernycyouse Boke/ceaced not to come hyther and boste yt among
vs: but wyth his enuyouse & enuyouse laughter gnasshyng the teeth
and grynnynge/he tolde vs that hys peoppll had by the aduyse and
coūsayll of hym and of some heretyques almost as euill as he/made
suche a Boke for beggars/ that yt shuld make vs begge longe are we
gete aught. wherby he trusted that som of vs shuld not so sone crepe
owte of our payne as we had hoped.

℃Wytte ye well these wordes were heuy tidyngs to vs. but yet by
cause ȳ deuyll ys wonte to ly/we toke some comfort in that we could
not belyue hym/specyally tellyng a thynge so farre incredyble. &for
who could euer haue thought that eny crysten man could for very py
te haue founden in hys harte to seke and study the meanes / whereby
a crysten man shuld thynke yt labour loste to pray for all cryste so w
lys. but alakke the whyle we foūde sone after/ that the falshed and
malyce of the man/preued ȳ dyuyll trewe. &for by some that dyed
sone after the boke put forth/we haue herde & perceyued the wreched
contentys therof/well and playnely declaryng /what euyll spyryte
inspyred hym whyle yt was in makynge. &for albe yt that yt ys so con
truyed/and the wordys so cowched/that by the secrete inwarde wur=
kynge of the deuyll that holpe to dyuyse yt/a symple reder myght by
delyte in the redyng be dedely corrupted and venemed: yet yf a wyse
man well warned / aduysedly wyll way the sentence /he shall fynde
the hole boke nothyng elles/but falshed vnder pretext of playnesse/
crueltye vnder the cloke of pyte/sedycyon vnder the colour of coun=
sayle/prowde arrogāce vnder ȳ name of supplycacyō/& vnder ȳ pre=
tēce of fauour vnto pore folke/a deuylyshe desyre of noyaūce both to
pore & rich/preste/religiouse/& lay mā/prynce/lord/& peple/as well
quycke as dede.

℃We deuyseth a pytuouse byll of complaynte and supplycacyon/
fayned to be by the pore sykke and sore beggers put vpp to the kyng/
lamentyng theryn theyre nomber so sore encreaced / that good folkes
almoyse

...morffe not half suffpfyng to fynde them mete / they be conftraynyd
veriefy to dye for hunger. Then..apth he ȝ caufe of all thefe pore beg
gars / both theyr encrefe in nomber ȝ theyr defaut in fyndyng / all this
he fapth to the onely faut of the clergy: nampng them in hys bederoll
byſhops / abbotȝ / pryours / deacons / archedecons / fuffragans / preſtȝ /
monkys / chanons / frerys / pdoners / ȝ somoners. All thefe he calle ȝ
myghty fturdy beggars ȝ ydle holy theups / Whpch he fapth hath beg
gyd fo importunatly / that they haue gotten in to theyr handys ȝ thyrd
parte of all the realm of England / befyde tythys / pryuy tythys / pro
batys of teftamentȝ ȝ offrpngȝ / Wyth maffe pens ȝ mortuaryes / Bpſ
pyng ȝ curfyng / cytyng / fufpendyng ȝ forfyng. Then cumeth he per
tyculerly to freres : to whom he maketh as he thynketh a playn ȝ opȝ
rekenyng / that they refeyue by beggyng thorow ȝ realm perely. xliii.
thoufand. iii. C. xxiii. pound. vi. s. viii. d. fterlyng. Then ſhe wyth he
that all thys caft to gyther / amounteth perely farre aboue the half of
the hole fubftaunce of the realme. After this prefuppofyng as though
he had proupd yt that the clergy hath the half / he thē to proue the two
hundred pacie of that they haue were more then fuffycyent for them:
taketh for hys ground that yf the nomber of them be compared Wyth
the nomber of lay men / the clergy be not ȝ hundreth parie: ȝ ȝ yf they
be cōpared Wyth the lay men women ȝ childern / the clergy ys not thē
the foure hūdred pfon of that nomber. And then entendpth he therby
to proue ȝ conclude / that ſyth they haue as he fapth more then the half
of all to gether / ȝ be them felf not fully the foure hundred parie: ther
fore if that better half that they haue were deuyded into two hūdreth
partȝ / then Were yet one parie of thofe two hundreth pyps as he thyn
keth to mpch for them / fpecyally becaufe they labour not. After thys
he gaihereth a great hepe of euyls / Wher Wyth he befpeth the clergy /
to bryng them in dyfpleafure of the kynge and hatered of the people.
And lefte men ſhuld eny thyng efteeme the clergye for the fuffragys
of theyre pryoure in refpefe of vs felly cryften fowlys in purgatory /
to take a Way that good mynde oute of good cryften mennys hartes /
he laboreth to make the Worlde Wene that there Were no purgatorye
at all. Wherein When he hathe done what he canne / then laboureth
he to the kynge for a lycence to rayfe vppon the clergye: fayeng that
there ys none other effectuall remedye agaynfte thepm / but that yt
myght pleafe the kynge to gyue hym and fuche other fre lycenfe and
lyberie / to dyffame the clergye at theyr pleafure amonge the people.
For he fapth that yf any of them be punyſhed any thyng by the tempo
rall lawes / than they fore troble the laborers therof by the fpyrytuall
law / and then the heddys of the clergy do fo hyghly more than recom
pence the loffe of theyre felowȝ / that they may be bolde to do the lyke
offece agayn at theyr pleafure. And for to proue that yt ys alWay fo /

A.iii.   he fapth

he sayth that yt hath bene so thryse: and as yt shall after be shewed he
speth in all thre. The furste he sayth that the byshop of London was
in a grete rage for endyghtynge of certayn curatys of extorcyon and
incontynency the last yere in the wardmote questis. And for the secōd
he saith that doctour Aleyn after that he was punished by premunire
for his cotempt commytted agaynst the kyngys temporall law/ was
therfore by the byshoppys hyghly recōpesed in benefyces. And for þe
third he sayth that Richard Hunne because he had sued a premunire
agaynst a preest for suyng hym in þe spyrytuall court in a mater deter
mynable in the kyngys court/ was accused of heresy and commytted
to byshoppys pryson: where he sayth that all the world knoweth that
he was murtheryd by doctour Horsey wyth his complyces then the
byshoppys chauncellour. And that þe same doctour Horsey he sayth
vppon other mennys mouthis payed. vi. hundred poūdes for hym &
hys complyces: & after obteyned the kyngys most gracyous pardon.
Wheruppō he sayth the captayns of the spyrytualte because he had
faughten so manfully agaynst the kyngs crowne and dygnyte/ promo
tyd hym forth wyth benefyce vppō benefyce to the vale w of .iiii. ty=
mes as myche. And by these ensaumples he cōcludyth there wyll no
such punyshment serue agaynst the spyritualte: and also who þe iustly
punysh a preest by the temporall law/ ys vniustly trobled agayn in þe
spyrytuall law. Wherof he wold include that of necessyte for a spec=
all remedy/ the kyng must nedis graūt a licence to such lewd felowes
to rayle vppon thē. Thā cometh he at laste vnto the deuyce of some
remedy for the pore beggars. Wherin he wold in no wyse haue none
hospytals made/ because he sayth that therin the profyte goeth to the
prestys. What remedy than for the pore beggars. He deuysyth not
desyreth nothynge to be geuen them/ nor none other almoyse or helpe
requyreth for thē: but onely that þe kyngis hyghnes would furst take
frome the hole clergye all theyre hole lyuynge/ and then sette theym
abrode in the worlde to gette theym wyues/ and to get theyre lyuyng
wyth þe labour of theyr handys and in the swete of theyr facys/ as he
sayeth yt ys the cōmaundement of god in the furst chapiter of Gene
sis: and fynally to tay them to the cartes to be whyppyd naked aboūt
euery market towne tyll they fall to labour. And then yf these peytycu
ons were onys grauntyd and parformyd/ he sheweth many great cō
modytees that wold as he sayth ensue theruppō/ both to the kynge &
the people/ and to the pore beggars. Which thyngys we shall ere we
seue/ in such wyse repete and ponder/ that your wysdoms may consy
der and parceiue in your self/ what good frute wold folow the spede
of hys goodly supplycacion/ whereof we haue rehersed you the hole
some and effect.
¶ Trewthe yt ys þ many thyngys wherewyth he floryssheth hys
matere

maters to make the seme gay to th. reders at a sodayn shew/we leue
put f n the while/because we wold ere we come therto/that ye shuld
furst haue the mater self in short set forthe before your eyen. And tha
shall we peruse hys prours/and in such wyse consyder euery thynge
aparte/that we nothyng dout but who so shall rede hys worshypful
wrytyng after/shall sone parcepue therin. floryshyng without frute/
sutteste wythout substaunce/rethoryk wythout reason/bolde babelyng
wythout lernyng/ẽ wylynes wythout wyt. And fynally for þ foun=
dacyon and ground of all hys prours: ye shall fynde in hys boke not
half so many leups as lyes/but almost as many lyes as lynes.

℣ And albe yt we lye here in that case that about the rampynacyō and
answeryng of such a mad malycyouse boke we haue neyther lust nor
leyfoure to bestow the tyme/wherof mispẽt in our lyfe we geue now
an hard and a heuy rekenynge: yet not only the necessyte of our cause
dryueth vs to declare vnto you the feblenes of hys reasons/ where=
wyth he wold bryng you in the case to care nothyng for vs/beleuyng
þ there were no purgatory/But also most specyally dothe our charite
towarde you/styrre vs to shew you the myschefe that he myndeth to
your self/as well in that poynt of infidelyte/as in all the remnaunt of
hys sedicyouse boke. In answeryng wherof we wold gladly let hys
foly and lak of lernyng passe/yf yt were not more thã necessary/that
all folk shuld parcepue hys lyttell lernyng and lesse wyt/lest symple
folk wenyng hym wyse and well lernyd/myght vnto theyr harm es=
teme hys euyll wrytyng the better for theyr wronge oppynyon of hys
wyt and lernyng. As for hys malycyouse mynde and vntreuth/there
can no man loke that we shuld leue vnto wchȳd/but he that wold ra=
ther the man were beleued than answeryd/ and wold wysh hys byll
spẽd were yt neuer so malycyouse and false.

℣ For where he to deuyseth hys introduccyon/as all hys purpose
shuld haue a great face of charyte/by that he speketh all in the name
of the pore beggars/thys ys nothyng els but the deuyls dryft/ al=
way coueryng hys poyson vnder some tast of suger. As for vs we
truste there wyll no wyse mã doute what fauour we bere to beggers
as folk of theyr own felyshyp and faculte/and of all whom/there be
no where in the world nether so nedy nor so sore/and so syk nor so im=
potent/and so sore in paynes as we. And that so farforth that yf ye
myght se them all on the tone syde / and but one of vs on the tother
syde/we be very sure that the world wolde pyte one of vs/more thã
them all. But although we be more beggars then pour beggers be/
as folk dayly beggyng our almes of you and them both: yet tup we
not them as one of them dothe a nother/but we pray and require you
to gyue them for our sakes/wherby your gyft gretly cumfortyth vs
both. And they be also our proctours and beg in our name/and in our

name receaue your money/ where f we receyue both your deuocyon
and theyr prayours. So ý ye may be well assured/ there coud b= put
no byll nor supplycacyon forth for theyr aduautage/ whych we wold
in eny wyse hynder/ but very gladly forther in all ý euer we myghte.

But in good fayth as our pore brethern the beggars be for many cau
ses greatly to be pytyed for theyr dysease and syknes/sorow/payn a
pouerte : so do we mych in thys case sorow theyre mysshap/ that they
haue nott had at the leste wyse so muche fortune / as to fall vppon a
wyser scryuener to make theyr supplycacyon : but vppon such a one
as vnder hys great wylynes sheweth so lyttell wyt/ that begynnyng
wyth a cloke of charyte/doth by and by no lesse dysclose hys hatered
and malice/than yf he nothyng els had entēded/but to cast of ý cloke
and set out hys malyce naked to the shew. Whyrin lyke a beggars pa
tour he goeth forth so nakedly/ ý no begger ys there so bare of clote
or money/as he sheweth hym selfe bare of faythe/scrypynge/ trouthe
wyt or charite. Whych thyng as it all redy well appereth to wyse men
so wyll we make yt euydent to all men / takyng our bygynnynge of
the declaracyon of hys vntreweth : whych one thyng well perceyued/
wyll be suffycyent to answer and ouertorne all hys hole enterpryse.
Mow be yt we nether shall nede nor do purpose to cumber you wyth
rehersall and reprofe of all hys lyes : for that were to long a worke/
wherof we fere ye shuld be wery to abyde the heryng. But of so ma
ny we shall pray you take pacyence whyle we shewe you some/and
such as for the matter be requysyte to be knowen/ for as much as all
hys proues be specyally grounded vppon them.

And furst to begyn where he begynneth/ whē he sayth that the nō
ber of such beggars as he pretendeth to speke for/that is as hym self
calketh them the wretched hyduouse monsters/on whō he sayth scar=
cely eny eye dare loke/the foule vnhappy sort of lepers a other sore
people/nedy/impotēt/blynde/lame and syk/lyuyng onely of almes
haue theyre numbere nowe so sore encreased / that all the almoyse of
all the well dysposed people of the realme ys nott halfe inowghe to
sustayne them / but that for very constraynte they dye for hunger.
Vnto all those wordys of hys/were yt not that though we well wyth
our self he sayd vntrew/yet wold we be lothe so to lay as a lye to hys
charge eny thyng/wherof the vntreweth were not so playnly parcey=
ued/but that he myghte fynde some fauourers whych myghte say he
sayd trew : els wold we paraduenture not set to tell hym/that for a by=
gynnyng in these few wordes he had wrytten two lyes at onys. If
we shuld tell you what nōber ther was of pore syk folke in dayes pas
sed long before your tyme : ye were at lyberte not to beleue vs. Mow
be yt he cānot not yet on ý tother syde for hys part nether/ bryng you
forth a bederoll of theyr namys : wherfore we must for bothe our part
be fayn

be fayn to tempt you to your owne tyme/ ¶ yet not frō your chyldhed
(wherof many thynges men forget when they come to farr greater
age) but vnto the days of your good remēbraunce. And so doyng/ we
suppose yf the sory syghtys þ mē haue sene/had left as gret impressi-
on styll remaynyng in theyr hartys/as the syght maketh of the preset
soroω that they se : men shuld thynk ¶ say þ they haue in days passed
sene as many sykke beggers as they se now. for as for other syknes
they rayn not god be thanked but after such rate as they haue done in
tymes passed. And thē of the frēch pokkys. xxx. yere a go went there
about syk/fyue agaynst one þ beggeth wyth them now. wherof who
so lyst to say that he seeth it otherwyse : we wyll hold no great dyspy-
cyons wyth hym theruppon/because we lakke the namys of both the
sydes to make the tryall wyth. but surely who so shall say the cōtra
ry : shall as we suppose eyther saye so for his pleasure / or els shall
it fare by his sight as foth is fare wyth theyr felyng/which what they
fele they whyne at/but what they haue felt they haue more then half
forgotten/though they felt it ryght late. whych maketh one that hath
but a pore boyle vppon hys fynger/thynk the grefe more great/than
was the payne of a great bŧch that greued hys hole hād lyttell more
than a moneth a fore. So thŧt in thys poynt of the nomber of syk beg
gers so sore encreased so late, albeit we wyll forbere so to say to hym
as we mighte well say : yet wyll we be so bolde to denye it hym till he
bryng in some better thyng than hys bare word for the profe.

¶And in good faith if he be put to the profe of the tother poynt also/
that is to wyt that for very constraynt those pore syk folk dye for hŧn-
ger: we verely trust ¶ think he shall seke farr and fynde very few yf
he fynde any at all: for albeit that pore householders haue these dere
yeres made ryght hard shyft for corne : yet our lorde be thanked men
haue not bene so farr from all pyte/as to suffer pore impotēt parsons
dye at theyr doorys for hunger.

¶Now where as he sayth that the almes of all well disposed peple
of thys reame is not half inough to sustayn them/and the well dyspo
sed people he calleth in this matter all thē that gyueth them almoyse/
¶ he speketh not of one yere nor twayn but of these many yerys now
passed/for neyther be the nomber of the clergy nor theyr possessyons
nor the freres almes in whych thyngŧ he sayeth the cause why the al-
mes of good people ys not half suffycyent to kepe ¶ sustayn the pore
and syk beggers fro famyshyng/any great thynge encreased in these
x. or xii. or xx. yeres last passed/¶ therfore yf that he sayd were trew:
then by all these. x. yeres at the lest / the almoyse of good people hath
not bene half able to sustayn the pore ¶ syk beggers frō famyshynge.
And surely yf that were so that in. iiii. or. v. yerys in which was plenty
of corne/the pore ¶ syk beggars for lak of mennys almes died so fast
ħ.   for hunger

for hunger: thogh many shuld fall sik neuer so fast again / yet had they in þ laste .ii. yere peryshed vp of syklyhod almost euerychone. And whether thys be trew or not we purpose not to dyspute: but to referr and report our self to euery manys eyen and eares / whether any man here of so many dede / or se so many the fewer.

¶ When he hath layd these sure stonys to begyn the ground & foun= dacyon of hys byldyng wyth / that sore and syk beggars be so sore en= crcasyd / that the almesse of all the good people of thys realme is not half inough to sustayn them / and that therfore by very constraynt they dayly dye for hunger: vppon them he layeth a nother stone / that the cause of all thys euyll is the great possessyos of the spyrytualte / and the great almys gyuen to the frerys. But herein furst he sayth that besydys tythes and all such other profettys as ryse vnto the chyrch by reason of the spyrytuall law or of mennys deuocyon / that they haue the thyrd parte of all the temporall landes of the realme. Whych who so can tell as mich of the reuenews of the realme as he can tell lyvess that made the booke / doth well know that though they haue mych: yet is the thyrd part of all farre an other thing / & þ he sayth in thys poynt vntrew. Than goeth he to the pore freryr. And there as we told you he shewyth that þ almes geuen them / of certeynte amounteth yerely vnto .xliii. thousand. CCC. xxiii. li. vis. s. viii. d. sterlyng: peraduen ture men wold wene the man were some apostata / and that he neuer coud be so pryuy to the freryr reconyng / but if he had bene long their symptour / and sene some generall vew of all theyr hole accomptys. But surely syth the man is bad inough besyde / we wold be loth folk shuld reken hym for apostata / for surely he was neuer frere for aught that we know / for we neuer wyst that euer in hys lyfe he was half so well dysposed. And also when ye here the groud of hys reconyng: ye wyll your self thynk that he nether knoweth mych of theyr materys / & of all the realme besyde make as though he knew many thyngys for trew / whych many men know for fals. ¶ For furst he putteth for the groude of hys rekenyng that there are in the realme / twoo and fyfty thousade paryssh churches / whych ys one playne lye to begynne with ¶ Then he putteth þ euery paryshe one wyth a nother / hath ten howse holdes in yt: meanynge besyde suche pore howses as rather aske al= mes then gyue / for of such ye wot well þ freryr get no quarterag. & þ poynte albe yt the grounde be not sure / yet bycause yt may to many men seme lykely / therfore we lette yt passe. But then he shewyth fer ther for a sure trouth a thynge that all men knowe surely for a great lye: that ys to say that of euery howsholde in euery paryshe / euery of þ fyue ordres of freres hath euery quarter a peny: for we knowe full well & so do many of you to / fyrst þ the comen people speke but of .iiii. ordres / the whyte / the blakke / the austayne / and the grey / and whych

ys the

ye the fyft in many partes of the realme fewe folke can tell you, for
yf the questyone were asked abowte / there wolde be peraduenture
founden many mo the more pyte it is / that coulde name you the grene
freris then the crowched. ye know ryght well also that in many a pa=
ryshe in england / of fourty howseholders ye shall not fynde fowre
pay neyther. v. pese a quarter nor. iiii. nother / and many a paryshe ne=
uer a peny. And as for the. v.d. quarterly / we dare boldely say that
ye shall fynde yt payed in very fewe paryshes thorow the realme / yf
ye fynde yt payed in any. And yet this thynge beynge suche a starke
lye as many men all redy knoweth / ? euery man shortely may fynde
it / he putteth as a playne well knowen trouth for a specyall poste to
bere vpp his rekenynge. for vppon these growndes now maketh he
a clere rekenynge in this maner ensuynge / whyche is good also to be
knowen for folke that wyll lern to cast a copt. Ther be. iii. M. pyshes:
and in eche of them. x. howsholdes How haue ye the hole some of the:
howsholdes. v. hondred thowsand and twenty thowsande. Euen iust:
Go nowe to the money then. Euery order of the. v. orders of freres:
hathe of euery of these howsholdes a peny a quarter Huma for eue=:
ry howse amonge all the. v. orders euery quarter. v.d. ? here by may:
ye lerne that fyue tymes one maketh. v. Nowe this is he sheweth:
you amonge the. v. orders of euery howse for the hole yere. xx.d. and:
so lerne ye there that. iiii. tymes fyue maketh. xx. Huma sayth he. v.:
hondreth thowsande and. xx. thousande quarters of angelles. Here:
we wolde not that bycause the realme hath no coyne called the quar
ter aungell / ye shulde therfore so farre mystake the man as to wene
that he ment so many quarter sackes of aungels. for in dede (as we
take hym) by the namynge and comptyng of so many quarters of au
gels / he meneth nothynge elles but to teche you a poynt of rekenyng
and to make you perceyue and knowe / that. xx.d. is the fourth parte
of. vi.s. viii.d. for after that rate it semeth that he valueth the augell
noble. Then goeth he forthe with his rekenyng ? sheweth you that:
fyue hundred thowsand and. xx. thowsand quarters of aungels / ma=:
keth. ii. hundred thre score thowsand halfe aungellys. And by thys lo
ye may perceyue clerely / that he ment not quarter sackes of aungels
for then they wolde haue holden ye wote well many moo pecys of
fourty pence / then fourty tymes thys hole some commeth to. Then
he sheweth you ferther that. CC.lx. thowsand halfe aungellys / a=:
mounte iust vnto. C.xxx. thowsand augels. wheryn euery man may:
lerne that the halfe of. lx. ys. xxx. and that the half of twayne ys one.
fynally then he casteth yt all to gyther and bryngeth yt in to poundes
Huma totalis. xliii. thowsand pound. iii. hundred ? xxxiii. li. vi.s. viii.d
but here to contynewe the playnesse of hys rekenynge / he forgote
to tell you ? iii. nobles make. xx.s. ? that. xx.s. make a pound But who

can now

can now dowte of thys rekenynge whan yt cometh so rounde/that of
so great a some he leueth not out ŷ ode noble. But now syth all thys
rekenynge ys grounded vppon two false groundes / one vppon.lii.
thowsande parysshe churches: the other that euery of the fyue orders
hath euery quarter of euery howshold a peny:thys rekenyng of.xliii.
thowsñd. CCC.xxxiii.li.vi.s.viii.d. semeth to cõe mych lyke to pas
as yf he wold make a rekening wyth you ŷ euery asse hath.viii. eares
And for to proue yt wyth/bere you furst in hande that euery asse hath
fowre heddes/and then make summa.iiii.heddes. Thene myght he
boldely tell you ferther/that euery asse hed hathe two eares/for that
ys comenly trew excepte any be cutte of. Suma then.ii.eares and so
summa totalis eyght eares.At thys accompte of eyght eares of one
asse ye make a lyppe and thynke yt so madde that no man wold make
no suche. Surely yt were a madde compt yn dede/and yet as mad as
yt were/yt were not so madde by halfe as ys hys sadde and erenest
compt that he maketh you now so solempnely of the freryes quartera=
ge.for thys shuld he groñd but vpon one lye/where he grounddih ŷ
tother vpon twayne as open lyes as thys ꝙ as greate. Now myght
we (and we wold) say that all hys rekenynge were naught/bycause
he rekeneh.xx.d.for the quarter of the aungell/and all the remenaut
of hys rekenyng foloweth forth vpon the same rate.But we wolde
be lothe to put hym in the fawlte that he deserue not.for surely yt
myght be that he was not ware of the new valuacyon:for he ranne
away byfore the valuacyon chauged.But now vpon thys greate
some of.xliii.thusñd. CCC.xxxiii.li.vi.s.viii.d. vpon these good
groundes heped vp to gether he bryngeth in hys ragmanes roll of his
rude retoryque agaynst the pore freres/begynnyng wyth such a gret
exclamacyon that we herde hym hyther/ꝙ sodaynly were all afrayed
Whñ we herd hi cry out so loude/Oh greuous ꝙ paynfull exaccyõs:
thus yerely to be payed frome the whyche the people of your noble
pgenytours auncyent Brytons euer stode fre.And so goeth he forth
agaynst the pore freres wyth Danes/and Saxons/and noble kyng
Arthure/and Lucius the emperoure/the Romaynes/the Grekys/ꝙ
the greate Turke/shewyng that all these had ben Vtterly marred ꝙ
neuer had ben able to do nothynge yn the warre/yf theyr people had
gyuen theyre almoyse to freres.

⸿After hys raylyng retoryque ended agaynst the freres/then thys
some of.xliii.thowsñd. CCC.xxxiii.li.vi.s.viii.d.he addeth vnto all
ŷ tother that he sayd byfore that all the clergye hath besyde whych he
sumeth not but sayth that thys and that to gyther amounte vnto more
bytwene theym then halfe of the hole substaunce of the realme. And
thys he affermeth as boldyly as though he could reken the hole true=
newes and substaunce of all england/as redely as make the rekenyng
of hys

of thys beggers purse.

¶ Then sheweth he that thys better halfe of the hole substaunce ys
shyfted amonge fewer then the fowre hundred parte of the people.
Whyche he proueth by that he sayth that all the clergye compared vn
to the remannaunte of the men onely/be not the hundreth psone. And
yf they be compared vnto the remanaunte of men/women/and chyl
dren/so are they not he saeth the fowre hundreth person. But nowe
some folke that haue not very longe a go vppon greate occasyons ta
ken the rekenynge of prestꝭ and relygyous places yn euery diocise/ꝯ
on the other syde the rekenynge and the nomber of the temporall men
yn euery coutye: know well ꝑ thys mannes madde rekenynge goeth
very farr wyde/and semeth that he hath herd these wyse rekenyngis
at some congregacyon of beggers. And yet as thoughe bycause he
hath sayd yt he had therfore proued yt/he runeth forth in his raylyng
retoryque agaynst the hole clergye/and that yn suche a sorte and fa=
syon that very harde yt were to dyscerne whyther yt be more false or
more folysshe. For fyrste all the fawtes that any lewde prest or frere
doth/all that sayeth he to the hole clergye/as well and as wysely as
though he wold lay the fawtes of some lewde lay people to ꝑ defaut
and blame of all the hole temporaltye. But thys way lyketh hym so
well that thus sayeng to the hole clergye ꝑ fawtes of suche as be sim
ple ꝯ fawty theryn/and yet not onely sayeng to theyr charge ꝑ breche
of chastyte ꝯ abuse in fleshely lyuyng of suche as be nought/but also
madly spke a fonde felow sayeng myche more to theyr charge ꝯ myche
more ernestly reprouynge ꝑ good ꝯ honest lyuynge of those ꝑ be good
whome he rebuketh and aborreth bycause they kepe theyr vowes ꝯ
perseuer yn chastyte (for he sayeth that they be the marrars and dys=
stroyers of the realme/bryngeng the lad yn to wyldernesse for sacke
of generacyon by theyr abstaynynge from weddyng) then aggreuyth
he hys great crymes wyth hey nouse wordys/gay repetycyons/ꝯ gre
uous exclamacyōs/callyng them blood suppers ꝯ dronken in ꝑ blood
of holy martyers ꝯ sayntes/whyche he meanyth for the condemnynge
of holy heretykes. Gredy golophers he calleth them and vnsacyable
whyrlpoolys/because the temporalte hath gyuen theym possessyōs/ꝯ
gyue to the freres theyr almoyse. And all vertuouse good prestys ꝯ
relygyous folke he calleth ydle holy theues/because they spēd theyr
tyme yn prechynge and prayour. And than sayth he/these be they that
make so many spk ꝯ sore beggers. These be they that make these ho=
rys ꝯ baudys. These be they that make these theups. These be they
that make so many ydle parsons: These be they that corrupte ꝑ gene
racyons. And these be they that wyth the abstaynyng from weddyng
hynder so the generacyon of the people/ꝑ the realme shall at lenght
fall yn wyldernes but yf they wed ꝑ soner. And now vpō these hygh

nous crymes layed vnto the hole clergye/ɛ layd as euery wyse m̃
seeth some very falsely and some very folyshly:after hys goodly r
petycyons he falleth to hys great and greuous exclamacyons/cryẽg
out vppon the great brode botomlesse occean see of puels/and vppõ
the greuouse shyp wrak of the comen welth/the translatynge of the
kynges kyngdõe/and the ruyne of the kynges crown. And ther wyth
rollynge in hys retoryke from fygure to fygure/he falleth to a vehe
ment inuocacyon of the kynge/ɛ gyueth hym warnyng of hys greate
losse/askynge hym feruently: where ys your sword/power/crown /
and dygnyte bycome:as though the kynges grace had clene loste hys
realme/specyally for lacke of people to reygne vppon/bycause that
prestes haue no wyues.   And surely the man cannot fayle of suche
eloquence:for he hath gathered these goodly flowres out of Luthers
gardyne almost worde for worde wythout any more laboure but one-
ly the translatynge owte of the latyn into the englyshe tonge.

℄ But to enflame the kynges hyghnes against the church/he sayth
that the clergye laboureth nothyng elles/but to make the kynges sub
gecíes fall in to dysobedyence and rebellyon agaynst hys grace.

℄ Thys tale ys a very lykely thynge/as though the clergye knew
not that there ys nothyng erthly ŷ so moche kepeth them self in quyet
rest and suertye/as doth the dew obedyence of the people to the ver
tuouse mynde of the prynce. Whose hygh goodnesse must nedes haue
myche more dyffyculte to defende the clargye and kepe the churche
in peace/yf ŷ people fell to dysobedyence ɛ rebellyon agaynste theyr
prynce. And therfore euery chyld may se that the clergye woulde ne-
uer be so madde as to be glad to brynge the people to dysobedyence ɛ
rebellyon agaynst the prynce/by whose goodnes they be preserued in
peace /and were in suche rebellyõ of the people lykely to be the fyrst
that shold fall in parell. But neyther ys there desyred by the clergye
nor neuer shall by goddes grace happen/any such rebellyon as ŷ beg
gars pctoure ɛ hys felowes what so euer they say lõg full sore to se.

℄ But thys man agaynst ŷ clergye fetcheth forth old farne peres ɛ
conneth vp to kyng Jhãns daye/spedyng myche laboure about ŷ pray-
se ɛ cõmendacyõ of ŷ good gracyous kyng ɛ cryeng out vppõ ŷ pope
ŷ then was and the clergye of England/and all ɪhe lordys and all ŷ
comẽs of the realme/because kynge Jhãn as he sayth made ŷ realm
trybutary to the pope/wherin he meaneth peraduẽture the peter pẽse
But surely therin ys all hys hote accusacyon a very colde tale when
ŷ trouth ys knowen. for so ys yt in dede ŷ albe yt there be wryters ŷ
say ŷ peter pẽse were graunted by kyng Jhãn for the release of the
interdyccyõ: yet were they payed in dede ere euer kyng Jhãns grete
graũdfather was borne/ɛ therof ys there profe ynough. Now yf he
say as in dede some wryters say/that kynge Jhãn made Englãde ɛ
Irlãd

Irland trybutary to the pope ꝭ the see apostolyque by the graunt of
a thowsand markys: We dare surely say agayn that yt ys vntrew/ꝭ
that all Rome neyther cā shew suche a graunt nor neuer could/and if
they could yt were right nought worth. For neuer coulde eny kyng of
England geue away the realm to ꝑ pope/or make the sāde trībutary
though he wolde/nor no such money ys there payed nor neuer was
And as for the peter pense if he meane thē/neyther was ꝑ realme try
butary by thē/nor king Jhān neuer grāūted thē. For they were payed
before the cōquest to the apostolyk see toward the mayntenāūce ther
of but onely by way of gratytude ꝭ almes. Now as for the archbys
shop Stephen/whom he sayth beyng a traytour to the kynge/ꝑ pope
made archebyshop of Canturbury agaynst ꝑ kyngys wyll/therin be
there as we suppose.ii.lyes at onys. For neyther was ꝑ Stephē euer
traytour agaynst the kyng as farre as euer we haue herd/nor ꝑ pope
none otherwyse made hym archebyshop thē he made all other at that
tyme: but ꝑ same Stephē was well ꝭ canonycally chose archebyshop
of Cāturbury by ꝑ couēt of ꝑ mōkis at Cristꝭ church in Cāturbury
to whō as ꝑ kyng well knew ꝭ denyed yt not/ꝑ eleccyō of ꝑ archebys
shop at ꝑ time belōged. Nor ꝑ kyng respytyd not hys eleccyō bycause
of any treasō ꝑ was sayd agaynst hym: but was discōtētyd therwith/
ꝭ after ꝑ his eleccyō was passyd ꝭ cōfirmed by ꝑ pope: he wold not of
long seasō suffer hym to enioy ꝑ byshoprich/because hym selfe had re
cōmēdyd another vnto ꝑ mōkys/whō they reiectyd ꝭ preferryd Ste
phē. And that thys ys as we tell you/ꝭ not as the beggars proctour
wryteth for a false foūdacyō of hys raylyng: ye shall now parcepue
not onely by dyuers cronycles/but also by dyuers monumētis yet re
maynynge as well of the eleccyon and cōfyrmacyō of the sayd arche
byshop/as of the long sute and proces that after folowed theruppō.

¶ Now sheweth he hym selfe very wrothe wyth the spyry
tuall iurysdyccyon/whyche he wolde in any wyse were clene taken
away/saynge that yt muste nedys dystroy the iurysdyccyon tempo
rall: Where as the good prynces passed haue graunted /and ꝑ nobles
in theyre tymes/and the people to/haue by playne parleamentes con
fermed them/and yet hytherto blessed be god they agre better to gy
ther/then to fall at varyaunce for the wylde wordes of suche a ma
lycyouse make bate: whyche for to brynge the spyrytualtye in to hate
red/sayth that they call theyr iurysdyccyon a kyngdome. In whyche
word he may say his pleasure/but of trewth he seldom seeth eny spy
rytuall man at thys daye that so calleth eny spyrytuall iurysdyccyō ꝑ
he vseth.

¶ Now where thys man vseth as a profe therof / that ꝑ spyrytu
alte nameth theym selfe alwaye byfore the temporaltye: thys maner
of namyng cometh not of them/but of the good mynde and deuocyon
of the

of the temporaltye : so farre forth that at the parlyament when that
eny actes be conceyued / the wordes be comenly so cowched / that the
byll sayth it ys enacted fyrste by our soueraygne lorde þ kyng and by þ
lordes spyrytuall ⁊ temporall ⁊ the comens in that present parlyamēt
assembled. And these byllys be often drawen put forth ⁊ passed fyrste
in the comen howse / where there ys not one spyrytuall man present.

❡ But suche trewth as the man vseth in thys poynte / suche vseth he
where he calleth the pore freres almoyse an axaccyon : surmysynge
that yt ys exacted by force and the people compelled to pay yt / where
euery man well wotteth that they haue pore men no way to compell
no man to gyue thē aught not though they shulde dy for defawt. But
thys good honest true man sayth that who so wyll not pay the freres
theyre quarterage they wyll make hym be taken as an heretyque.
We be wyll contente that ye take thys for no lye / as manye as euer
haue knowen yt trew. But who herd euer yet that eny man taken for
an heretyque / dyd so myche as ones saye that he thought yt conuayd
by the malyce of any frere for refusyng to paye þ freres quarterage.
Thys lye so ys a lytle to lowde / for eny man that were not waxen
shameles.

❡ Lyke treuth ys there in thys that he sayeth / yf any man trouble a
preeste for any tēporall sute : the clergye forthwyth wyll make hym
an heretyque and burne hym / but yf he be cōtent to bere a fagotte for
theyre pleasure. The falsehed of thys can not be vnknowen. for mē
know well in many a shyre how often that many folk endyght preestē
of rape at the sessyons. And as there ys somtyme a rape committed
in dede / so ys there euer a rape surmysed were the women neuer so
wyllynge / and oftentyme where there was nothynge done at all.
And yet of eny suche that so procured preestes to be indyghted : howe
many haue men herd taken and accused for heretyques?
ye se not very many sessyōs passe / but in one shyre or other thys page
ant ys playd: where as thorow the realme such as be put to penaunce
for heresy / be not so many in many yeres as there be preestys endygh-
tyd in few yerys. And yet of all such so taken for heresye / he shall not
fynde foure this four score yere / peraduenture not thys four hūdreth
yere / that euer pretended them selfe so troubled for endyghtyng of a
preste. So that hys lye ys herein to large to get eny cloke to couer yt
❡ Nowe where he saith that the captayns of doctours Aleyns kyng
dome / haue heppyd hym vp benefyce vppon benefyce / ⁊ haue rewar-
dyd hym. x. tymes as myche as the. v. C. poundis whych he payd for a
fyne by the premunire / and that thus hath the spyrytualtye rewarded
hym because he fought so māfully agaynst the kyngys crowne ⁊ hys
dygnyte: all that know the matter do well parceyue that the man doth
in hys mater as he doth in other / eyther lyeth for hys pleasure / or els
lyttell

fyttell wotteth how that the matter stode. For it ys well knowen that
doctour Aleyn was in the premunire pursued only by spyrytuall mē
and had moch lesse fauour ꝛ myche more rygour shewed hym therin
by the greatest of the clergy/then by any temporall men.

⸿ He sayth also to the kynges hyghnes/your grace may se what a ꞉
worke there ys in London/how the byshop rageth for endyghtyng of ꞉
certayne curates of extorcyon and incontynencye the laste yere in the ꞉
warmoll quest. wolde not vppon these wordes euery straunger we꞉ ꞉
ne that there had bene in Londō many curates endyghted of extorcyō
and rape/and that the byshop wold labour sore to defend theyr faut꞉
and that there wer aboute þ matter a greate cōmocyon in all the cyte꞉
Now shameles ys he that can tell thys tale in wrytynge to þ kynge
hyghnes for a trouth/wherof neyther byshop/nor curate/nor mayre/
nor alderman/nor eny man ellys/euer hard word spoken꞉Oyt were
harde to say whether we shulde take yt for wylynes or lacke of wytt
þ he sayth all thys worke was in the cyte the last yere꞉ ꞉ then hys bo
ke neyther was put vp to the kynge/nor bereth eny date. So þ a man
wold wene he were a fole that so wryteth of the last yere/þ the reder
cānot wyt whych yere yt was. But yet wene we he doth yt for a wy꞉
synes. For syth he knoweth hys tale false꞉yt ys wysdome to leue the
tyme vnknowen/that hys lye may be vncontrolled. For he wold that
men shulde wene alwaye that yt was in one yere or other.

⸿ But fynally for a specyall poynt he bryngeth in Rychard Hune
and sayth þ yf he had not commencyd an accyō of premunire agaynst
a preste/he had bene yet alyue and none heretyke at all. Now ys yt
of ire withe well knowen/that he was detectyd of heresye before the
premunyre sued or thought vppon.

And he began that suyte to helpe to stop the tother wythall/as in de꞉
de yt dyd for the whyle. For all be yt that he that was sued in the pre꞉
munire was nothynge bylongynge to the byshop of London byfore
whome Rycharde Hunne was detectyd of heresy꞉yet lest suche as
wolde be glad synysterly tampse conster euery thynge towarde the
clergye/myght haue occasyon to say that the matter were hotely han
deled agaynst hym to force hym to forbere his suyt of the premunire/
the bysshop therefore dyd the more forbere/tyll yt appered clerely to
the temporall iudges and all that were eny thyng lerned in the tēpo
rall law/that hys suyte of the premunire was nothynge worthe in
the kynges lawe/for as moche as by playne statute the matter was
owt of questyon that the ple to be holden vpon mortuaryes/belonge
vnto the spyrytuall courte. After whyche thynge well aperynge/the
matter wente forth afore the byshop/ꝛ he there well proued nought/
and hys bokes after brought forth/suche and so noted wyth hys own
hande in the margentes/as euery wyse man well saw what he was/

and was full sore to se that he was suche as they theyre sawe hym
preuid.

℣ Now goeth he ferther and asketh the kynge/dyd not doctor Hor
: say and hys complyces moost heynously as all the worlde knoweth/
: murder in pryson that honest marchaut Rychard Dunne/for that he
: suede your wrytt of premunire agaynst a preest that wrongfully held
: hym in ple in a spyrytuall courte/for a mater wherof the knowlege
: bylonged vnto your hyghe courtes? And what punyshment hathe he
: for yt? After that he had payed as yt ys sayd.vi.hundreth poundf for
: hym and hys complyces/as sone as he had obtayned your moost gra
: cyouse pardon:he was immedyatly promoted by y captaynes of hys
: kyngdome wyth benefyce vpon benefyce to the value of.iiii.tymes
: as myche.Who ys he of theyr kyngdome that wyll not rather take co
: rage to commyt lyke offense/seyng the promocyons that fell to suche
: men for theyr so offendyng/so weke & blunt ys your swerd to stryke
: at one of the offenders of thys croked and paruerse generacyon.
We haue here sumwhat combred you wyth a pece of hys awn wordf/
bycause ye shuld haue a shew of hys vehement eloquece:wyth whych
the bolde beggers proctours so arrogantly presumeth in hys byll to
aske the kynge a questyon /and to bynde hys hyghnes to answere as
hys maystershyp appoynted hym. for yf hys grace say nay: then he
telleth hym byfore/that all the worlde woteth yes. But surely yf he
call all the world all that euer god made:then ys there.iii. partes that
knoweth the contrary.   for we dare be bolde to waraunt you/that in
heuen/hell/and here among vs in purgatory/of all that thys man so
boldely affermeth/the contrary ys well and clerely knowen. And yf
he call y world but onely men among you ther spuyng vppon mydse
perth:yet so shall he peraduenture fynde in some parte of the worlde
yf he seke yt well/mo than.iiii.or.v.good honest men/that neuer hard
speke of the mater.And of suche as haue hard of the mater & knowen
yt well:he shall fynde inow and specyally we thynk the kyngs grace
hym self (whose hyghnes he ys so homly to aske the questyon and ap
poynt hym hys answer hym selfe) that of all fyue thynges whych he
hathe here in so fewe lynes affyrmed/there ys not one trew but lyes
euery one. for fyrst to begyn where he leueth/when he sayth that the
clergy haue syns the deth of Rychard Dune/ promoted doctor Horsay wyth benefyce vpo benefyce.iiii.tymes as mych as.vi.C.poudf
he playn vntreuth of thys poynt may euery man sone know y wyll
sone enquyre.for he spueth yet at exestet/and theyr spueth vpo suche
as he had before/wythout that new hepe of benefyce gyuen hym by
y captaynes of hys kyngdo for kyllyng of Rychard Dune/or thank
ether saue onely of god for hys log pacyence in hys vndeserued trou
ble.But to thew y ye may se how lyttell thys man forceth how lowd
he lye

he lye:confyder þ he fayth that the clergye gaue vnto doctor Horfay
after he cam out of pryfon benefyce vppon benefyce to the value of
.iiii.tymes as much as.vi.C.poundf.Now yf thys be trew/then hath
doctoure Horfay had in benefyces befydes all fuch as he had before
hys troble/the value of.ii.thoufand.iiii.C.pounde.We trufte that the
man hys fubftaunce and hys lyuelod ys fo well knowhn/that we nede
not to tell that the beggers proctor in thys poynt hath made one lowd
lye.Another ys that he fayth that Dunne was kept in ple in the fpy=
rytuall law for a matter determynable in the kyngf court:for the ma
ter was for a mortuary/whych by playn ftatute ysdeclared to ptayne
to the fpyrytuall law.The thyrd ys that Dunne was honeft/except
herefy be honefte.The fourth ys that doctour Horfey and hys com
plyces murdred hym in pryfon:for therof ys þ contrary well knowen/
and that the man hanged hym felfe for dyfpayre/dyfpyte/and for lak
of grace.We myght and we wold fay for the fyft/the payment whych
he fpeketh of the.vi.C.poundes/wyth whyche money he wolde men
fhuld wene that he bought hys pardon.Wherin he fayeth a good great
fome/to thend that folk well wyttyng that doctour Horfay was not
lyke to haue fo mych money of hys awn/fhuld wene therwyth that þ
clergye layed out the money among them/τ then gaue hym benefyces
wherof he myght pay them agayn.But thys fayeth he fro hym felf/
and fhe wyth not to whom/for he fayth yt ys fayd fo.And yet were yt
no wrong that yt were accounted hys owne/tyll he put yt better from
hym/and proue of whom he herde yt.Now be yt fyth there ys other
ftore ynough:We fhall leue thys lye in queftyon betwene hym and we
wote nere whom ellys/and we fhall for the fyrfte fay you that lye þ
he fayeth forth hym felfe/that ys to wytte/where he fayeth that the
chauncelfer purchafed the kynges moofte gracyoufe pardon for the
murderyng of Dune.for thys ys the trouhe that he neuer fued eny
pardon therfore.But after that the matter had ben by longe tyme τ
great dylygence fo ferre forth exampned/that the kyngf hyghnes at
length (as tyme alwaye cryeth owte the trouth) well percevyud hys
innocency τ theyrs alfo that were accufed and endyghted with hym:
hys noble grace when they were arraygned vppon that endyghment
and therto pleded that they were not gyltye/commaunded hys attor=
nay generall to confeffe theyr ple to be true/Whyche is the thyng that
hys hyghnes as a mooft vertuoufe prynce vfeth for to do/when the
mater ys not onely iufte/but alfo knowen for iuft vppon the parte of
the partye defendaunte.Bycaufe that lyke as where the mater appe=
reth dowtefull he doth as reafon ys/fuffer yt to go forth and fetteh þ
trouth be tryed/fo where he feeth and percevyeth the ryght to be on þ
other fyde/hys hyghnes wyll in no wyfe haue the wrog fette forth or
mayntayned in hys name.Now when yt was then thus in dede/that

neyther

neyther the chauncellor nor eny man elles euer suede eny charter of
pardon for ý mater: thys ys then ý fyrst lye that thys man hath made
in so few lynes. Whych thyngg who so well cōsyder/can not but mer
: uayle of the sore pyththy poynt where wyth he knytteth vppe all hys
: heuy mater/saynge to the kyng: who ys there of theyr kyngdome ý
: wyll not take corage to commyt lyke offence seynge the promocyone
: that fall to suche menne for theyr offendyng: so weke and so blunte
: ys your sworde to stryke at one of the offenders of thys croked and
: peruerse generacyon.   Loo how thys greate zelator of the commen
welthe cryeth owte vppon the kynge/that hys swerd ys not stronge
ý sharpe to stryke of innocentys heddis. He hath of lykelyhed ransa=
ked vppe all dame retoryques rolles to fynd owte thys goodly fygu
re/to call vppon the kynge and aske hys hyghnes where ys youre
swerde/and tell hym hys swerde ys to dull: as though he wolde byd
hym here yt to the cutlers to grynde/that he myghte stryke of doctor
Horsayes hed whome hys grace had founde fawtelesse/and testyfy
ed hym hym selfe for an innocente. If thys man were here matched
wyth some suche as he ys hym selfe/that hathe the eloquence that he
hath/that coulde fynde out suche comely fygures of retoryque as he
fyndeth/sette forthe and furnyshed wyth suche vehement wordes as
he thundreth owte lyke thunder blastys/that hathe no lesse maters in
hys mouth than the greate brode botomlesse occean see full of euyls/
the wekenes and dulnes of the kynges swerde/the transsacyon of ý
kyngys kyngdome / the ruyne of the kynges crowne / wyth greate
exclamacyons/oh greuouse and paynfull exaccyons/oh cause most
horryble/oh greuouse shyp wracke of the comen welth: what myght
one that had suche lyke eloquence saye here to hym: surely so myche
and in suche wyse as we sely poore pewlyng sowles neyther can de=
uyse nor vtter. But verely two or thre thynges we se and maye well
saye that neyther be these greate maters mete for the mouthe of the
Beggers proctour/nor suche prechyng of reformacyon and amēdemēt
of the world mete maters for hym to medle wyth/whych wyth open
heresyes and playne pestylent errors/besely goeth aboute to poyson
and infecte the worlde: nor very conuenyent for hym to take vppon
hym to gyue counsayle to a kynge/when he sheweth hym self to haue
so moche presumpcyon and so lytell wytt/as to aske the kyng a ques=
tyon and appoynte hym hys answer: and therin to tell hym that all ý
worlde knoweth that thynge to be trew/whych the kynge hathe hym
selfe all redy by hys atturney and hys iudges in open iugement/and
in hys hygh courte of recorde testefyed ý confessed for false. If that
man were not for malyce as mad not as marche hare/but as a madde
dogge that rūneth forth and snatcheth he seeth not at whome: the fe=
lowe could neuer elles wyth suche open foly so sodenly ouer se hym
                                                                selfe.

felfe. But yt were wrong wyth the worlde yf malyce had as myche wytte/cyrcumfpeccyon and prouydence in the purfute of an vngracy ouſe purpoſe/as yt hath haſt/pueſt wyll and wyſyneſſe in the frſt in terpryſynge. for as an ape hath ſome ſymylytude of a man/and as a fox hath a certayne wylyneſſe ſome what reſemblyng an ynperfayte wytte: ſo fareth thys felowe/that begynneth as one wolde wene at good zeale and cheryte borne towarde the poore beggers. But forthe wyth he ſheweth hym ſelfe that he nothyng ellys entendeth : but opē ly to dyſtroy the clergye frſt/q after that couertly as many as haue aught aboue the ſtate of beggers. And where as he wold in þ begyn nynge by þ towchyng of great maters/fayne ſeme very wyſe: wyth in a whyſe in the progreſſe he proueth hym ſelf a very ſtark foſe. And where he wolde ſeme to ſhewe many notable thynges whych no man had marked but he/he proudeth wyſely that no mā may beleue hym he maketh ſo many lyes/and aſl that euer he dothe ferther/he buyl deth vppon the ſame.

¶ He ſayeth that the ſpuynge whych the clergye hathe ys the oneſy cauſe that there be ſo many beggers that be ſyk and ſore. Very weſl and wyſely/as though the clergye by theyre ſubſtaunce made men blynde and lame. The clergye alſo ys the cauſe he ſayth why they dye for hunger/as though euery lay man gaue to beggers aſl that e uer he coulde/and the clergye gyue them neuer a grote : q as though there wolde not mo beggers walke a brode yf the clergye lefte of ſuche lay men as they fynde.

¶ But he proueth you that the clergy muſt nedys be the cauſe why there be ſo many poore men and beggers. for he ſayth that before the clergy came in theyr were but few poore peopſe : and yet tſey beggyd not neyther/but men he ſayth gaue them ynough vnaſked. But now where ſaī he whē he ſaw the peopſe gyue pore folke ſo faſt theyr aſl mes vnaſked þ no man neded to beg before the clergy began. Thys man of lykelyhod ys of grete age/q or ere þ clergy began was wonte to ſyt at ſaynt Hauours wyth a ſore leg : but he beggyd not mē gaue hym ſo mych vnaſked. for where as he alledgyth the byble for hym in the actes of the appoſtſes/veryly we meruayſl mych what the mā meneth. for there he may ſe that the apoſtels and the deacons whych were then the clergy/had aſl to gyther in there own handys/q dyſtry buted to euery man as them ſelf thought good. And therfore we won der what he meaneth to ſpeke of that boke. for we thynke that he me neth not to hurt the clergy ſo now/as to put aſl in to theyr handſ. And ſurely but yf he meane ſo/els ys thys place nothig for hys purpoſe.

¶ Now herein he ſheweth alſo an hygh poynt of hys wyt. where he ſayth that the greate ſpuyng that the clergy hath/whyche he ſayeth q ſyeth to be morethen haſf of the hole reuenews and ſubſtaunce of the

reaume:ys shyfted among fewer then the foure hundreth part of the
people.   As though ꝥ of the clergyes parte there had no lay people
theyr kypyng/no seruaunt eny wagys/none artyfycer eny money for
workyng/no carpenter no masyn eny money for byldyng:but all the
money that euer cūmeth in theyr handes/they put yt by ꝙ by in theyre
own kefyes/and no lay man hath eny relyef therof.And therfor thys
poynt was wysely wrytten ye se as well as we.Now for the trouthe
therof/yf yt were trew that he sayth/that the clergy compared to the
resydew of the men onely/be not one to an.Ꝭ.then shall ye not nede
to fere ꝯ greate Turke and he cam to morow/except ye suffer amōg
you to grow in great nomber these Lutherans that fauoure hym.for
we dare make you the warantyse that yf hys lye be true/there be mo
men a greate meany in Londō and wythin.iiii.shyres next adioynyng/
than the great Turk bryngeth in to Hungary.But in thys ye must
hold hī excused/for he medleth not mych wyth augrym to se to what
sūme the nōber of men aryseth that ys multyplyed by an.Ꝭ. All hys
practyse in multyplycacyon medleth wyth nothyng but lyes:ꝯ therin
mache hym wyth whō ye wyll/he wyll gyue you a.Ꝭ.for one.Wher-
of yf ye lack let thys be the sāple ꝥ he sayth /yf thabbot of Westmyn-
ster shuld syng euery day as many masses for hys foūders as he ys
boūde to do by hys foūdacyō.Ꝏ.mōks were to few/ye dout not we
think but he cā tell you who hath boūd thē to how many/ꝯ so cā make
ye ꝥ playn rekenige ꝥ thabbot ys boūd in the yere to no fewer masses
than.iii.Ꝭ.lxv.Ꝏ.He knoweth what ys euery mannes dutye saue
hys owne.He ys mete to be a beggers proctour/that can soo proll
aboute and can tell all thynge.
⸿But now were all his payntyd pces ye wot well nothing worth/
But yf he deuysed agaynste all these myscheues some good and holsō
help.It ys therfore a world to se what polytyke deuyces he fyndeth
agaynst ꝥ great brode botomlesse occean see of euyls:what remedyes
to repayre the ruyne of the kyngys crown:to restore and vphold hys
honour and dygnyte:to make hys swerd sharp and strong:ꝯ fynally
to saue all the shyp wrak of the comen welth. ye wolde peraduenture
wene ꝥ the man wolde now deuyse sō good holsome lawes for helpe
of all these maters.Nay he wyll none therof.for he sayth he douteth
that the kyng ys not able to make eny law agaynst them.for he sayth
that the clergy ys stronger in the parliament than the kyng hym self.
for in the hygher house/he rekenyth that the spyrytualte ys more in
nomber and stronger than the temporalte.And in the comen house he
sayth that all the lerned men of the realme except the kynges lerned
councell/be feed wyth the church to speke agaynst the kynges crown
and dygnyte in the parlyamēt for theym:and therfore he thynketh the
kynge vnable to make eny law agaynst tꭓ fawtys of the clergye.
                                                    ⸿Thys

¶ Thys beggars proctour wold fayn shew hym self a man of great
experyence / and one that had great knowlege of the maner & order
vsed in the kyngys parlyamentys. But than he speketh so sauourly
herof:that yt well apperyth of hys wyse wordys he neyther canneth
eny skyll therof/nor neuer cam in the house. For as for þ hygher house
furst þ kyngys own ryall parson alone more than counterpayseth all þ
lordys spyrytuall present wyth hym and the temporyll to. And ouer
thys the spyrytual lordys can neuer in nomber excede the lordys tem
porall/but must nedys be farre vnderneth thē yf yt please the kyng.
For hys hyghnes may call thyder by hys wryt many mo temporall lor
dys at hys own pleasure.And beyng as they be/there was neuer yet
sene that the spyrytuall lordes bendyd them selfe there as a partye a=
gaynst the temporall lordes. But yt hath bene sene that the thynge
whych the spyrytuall lordes haue moued and thought resonable/the
temporall lordes haue denyed & refused: as apperyth vppon the mo
cyon made for legytymacyō of the chyldrē borne before the maryage
of theyr parentys.Wherin albe yt þ the reformacyon whych the lordꝭ
spyrytuall moued/was a thyng that nothyng partayned to ther own
commodyte/and albe yt that they sayed also for theyr parte the con=
struccyon and ordynaunce of the church and the lawes of other cry=
sten cuntrees:yet could they not obtayne agaynst the lordes temporall
that nothynge alleged to the contrary but theyre own wylles.
And therfor in the hygher house the spyrytuall parte neuer apperyd
yet so strong/that they myght ouer matche the temporall lordes.And
then how mych ar they to feble for them and the kyng to/whose hygh
nes alone ys ouer strong for thē both/& may by hys wryt call to hys
parlyamēt mo temporall lordes than he wyll.Now where he sayth
þ in the comen house all the lerned men of the realme ar feed to speke
for the clergy except the kynges lerned counsell:there be.ii.folyes at
ones.For neyther be all the lernyd men of the realme knyghtes or
burgeyses in the comen house/and the kyngys lerned councell ys not
there at all. And therfore yt semeth that he hath hard sumwhat of su
men that had sene as lytell as hym self.And surely yf he had bene in
the comen house as some of vs haue bene:he shuld haue sene the spy
rytualte nat gladly spoken for.And we lytell dout but that ye remem
ber actes and statutes passyd at sōdry parlyamētes/suche and in such
wyse & some of them so late/as your self may se that eyther þ clergy
ys not the strenger pte in the kyngꝭ parlyement/or elles haue no mynd
to stryue.And for the ferther profe that the kynges hyghnes ys not
so weke & vnable in hys owne parlyamēt as thys beggers proctour
so presumptuously telleth hym/hys grace well knowyth and all hys
people to/þ in theyr own conuocacyons hys grace neuer denyed nor
denyed any thyng in hys lyfe/þ euer was denyed hym.And therfore
thys gay inuencyō of thys beggers proctour/þ he fayneth the kyngꝭ

hyghnes to be in hys hygh courte of parlyament more weke and fe∙
ble then the clergye/ys a feble deuyce.

But now syth he wyll haue no law deuysed for the remedy of his
greate complayntes/what helpe hath he deuysed els. The helpe of
all thys gere ys he sayth none other thing/but to sett hym (z suche ry∙
all raylers/rayle (z gest vppō the church/and tell the people þ preste
fawtes : and for the lewdnes of parte/brynge þ hole clergy in cōtēpt
and hatered amonge all the temporall folke.Whych thyng he sayth þ
kyng must nedes suffer/yf he wyll eschew the ruyne of hys crowne
(z dygnyte/And thys thyng he sayth shalbe more spedefull (z effectu∙
all in the matter/than all the lawes that euer can be made be they ne∙
uer to strōg.Lo good lordys (z masters then shall ye nede no mo par∙
lyamētys.for here ys god be thankyd an easye way wyself founden
to remedye wythe raylynge the greate brode botomlesse occean se of
yuels/and to saue the comen weale frome shyp wracke/(z the kynges
crowne from ruyne.

But now to the poore beggers.What remedy fyndeth they: proc∙
tour for thē:to make hospytals?Nay ware of þ/therof he wyll none
in no wyse.for therof he sayth the mo þ worse/because they be pfyta
ble to prestē.What remedy thā?Gyue thē any money? Nay nay not a
grote.What other thyng thē?Nothyng in þ world wyll serue but this
that yf þ kynges grace wyll byld a sure hospytall þ neuer shall fay∙
le to releue all the sycke beggers for euer/let hym gyue nothynge to
thē/but loke what the clergye hath (z take all that from them.Is nott
here a goodly myschef for a remedy?Is not thys a ryall fest to leue
these beggers meteles/and then send mo to dyner to theym? Oh the
wyse.Here want we voyce and eloquēce to set out an exclamacyon
in the prayse and commendacyon of thys specyall hygh prouysyon.

Thys byll putteth he forth in the poore beggers name.But we ve∙
rely thynk yf them self haue as myche wyt as their proctour lacketh/
they had leuer see they: byll maker burned/then they: supplycacyon
sped.for they may sone pcepue that he myndeth not they: almoyse/
but onely the spoyle of the clergye.for so that the clergye lese yt : he
neyther deuyseth ferther/nor ferther foryth who haue yt.

But yt ys ethe to se wherof spryngeth all hys dysplesure. He
ys angry (z fretyth at the spyrytuall iurysdyccyon for the ponyshmēt
of heretykes and burnyng of they: erronyouse bokes :for euer vppō
that stryng he harpeth:very angry wyth the burnyng of Tyndals
testament.for these matters he calleth them blood suppers dronken
in the blood of holy sayntes and marters.ye merueyll paraduenture
which holy sayntes (z martyrs he menyth. Surely by hys holy saynt∙
and marters he meanyth they: holy scysmatykes and heretykes/for
whose iust ponyshment these folk that ar of þ same sect/fume/frete/

frote

frote and fome/as fyerce and as angerly as a newe huntyd fow.And
for the rãcour conceyuyd vppon this dyfplefure/ cometh vp all hys
cõplaynt of the poffeffyons of the clergye. Wheryn he fpareth q̃ for=
bereth the mũnys yet/becaufe they haue no iurifdyccyon vppon here=
tykys:for els he wold haue cryed out vppõ theyr poffeffyõs to. But
thys ys now no new thyng nor þ furfte tyme þ heretykes haue bene
in hãd wyth the mater. for furfte was there in the.xi.yere of kynge
Henry the fourth/one Jhõn Badby burned for herefy. And forth
wyth theruppon was there at the next plyment holden þ fame yere/
a byll put in/declaryng how mych temporall lãd was in the church/
whiche rekenyng the maker therof geffyd at by þ nomber of knyghtis
fees/of whych he had went he had made a very iufte account.And in
thys byll was yt deuyfed to take theyr poffeffyons out agayn.Howe
be yt by the byll yt appered well vnto thẽ whych well vnderftode þ
mater/that the maker of the byll neither wyft what land there was/
nor how many knyghtys fees there was in the church/nor well what
thyng a knyghtes fee ys:but the byll deuyfed of rancour q̃ puell wyll
by fome fuch as fauoured Badby that was burned/and wolde haue
hys herefyes fayne go forward.

⸿And fo þ byll fuche as yt was/fuch was yt eftemed and fet a fyde
for nought. So happed yt the fone after that in þ firft yere of þ kyngys
moofte nobie progenytour kynge Henry the fyfte thofe herefyes fe
cretely creppyng on ftyll among the people:a great nomber of theym
had fyrft couertely cõfpyred and after openly gathred and affembled
theym felfe/purpofyng by opẽ warre and bataple to deftroy þ kyng
and hys nobles and fubuerte the realme.Whofe traytoroufe malyce
that good catholyque kynge preuented/wythftode/ouerthrew/ and
punyfhed:By many of them takẽ in the felð/ and after for theyr tray=
toroufe herefyes bothe hanged and burned. Wher vppon forth wyth
at þ parlyment holdẽ þ fame yere/ lyke wyfe as that ryall prynce hys
vertuoufe nobles q̃ his good cryften cõmunes/deuyfed good lawes
agaynft heretyques:fo dyd fome of fuche as fauored theym / efte fo
nys put in the byll agaynft the fpyrytuallyte.Whyche efte fonys con
fydered for fuche as it was and cummynge of fuche malycioufe pur
pofe as yt cam:was agayne reiected and fet a fyde for nought. Thẽ
was there longe after that/one Rycharde Howndon burned for here
fye. And thẽ forthe wyth were there a rable of heretyques gatheryd
theym felf to gyther at Abyndon:whych not entẽdyd to lefe eny more
labour by puttynge vp of byllys in the parlementys / but to make an
open infurreccyon and fubuerte all the realme/ and then to kyll vp þ
clergye and fell preeftes heddes as good chepe as fheppys heddys thre
for a peny bye who wold. But god faued þ chyrch q̃ þ realm both q̃
tourned theyre malyce vppõ theyre awne heddys. And yet after theyr

D.i. 　puny=

punyshment then were there some that renewed the byll agayn. And
yet long after this was ther one Jhan Goose rosted at y tower hyll.
And theruppon forth wyth some other Jhan goose began to here that
byll a brode agayn/ & made some gagling a whyle but yt auayled hym
not . And now bycause some heretyques haue bene of late abiured/
thys gospelyng therfore hath made thys beggers byll/ and gageleth
agayn vppon the same mater/ and that as he thynketh by a pper in=
uencyon lykely to spede now/bycause he maketh his byll in the name
of the beggers/ and hys byll cowshed as full of lyes as any begger
swarmeth full of lyce.

℞We neyther wyll nor shall nede to make myche busynes abowte
thys mater. We truste myche better in the goodnesse of good men/the
that we shuld nede for thys thyng to reason agaynst an vnresonable
body. We be sure ynoughe that good men were they y gaue this gere
in to the churche: and therfore nought shuld they be of lykelyhed that
wold pull yt out thense agayn. To whych raupne and sacrylege our
lorde we trust shall neuer suffer thys realme to fall.

℞Holy saynt Austeyn in his dayes when he parceyued that some
euyll people murmured at the possessyons that then were geuen in to
hys churche: dyd in an open sermon amonge all the people offer them
theyre landys agayne/ and that hys church and he wold forsake the/
and bad theym take theym who wolde. And yet was there not foun=
de in all the towne/ albe yt that the people were (as these Affrycans
be) very barbarouse/fyerce & boystuouse/yet was there none as we
say forbden eny one so badde/that his harte wold serue hym to entre
in to one fote.

℞When Pharao the kynge of Egypte bought vp in the dere yeres
all the landys that were in euery manes hande/so that all the people
were fayne to sell theyre enherytaunce for hunger: yet ydolater as
he was he wold neuer suffer for eny nede the possessyons of y preste
to be solde/but made prouysyon for theym beside/and suffred theym
to kepe theyre landys styll/as the byble bereth wytnesse. And we ve
rely truste that the good chrysten prynces of the chrysten realme of
Englonde shall neuer fayle of more fauour towarde the clergye of
Cryste/then had that prynce Idolatre to the prestes of hys ydols.
yet ys yt not ynough to the cruell mynde of thys man to take frome
the hole clergy all that euer they haue/but that he wold ferther haue
theym bounden vnto cartes and whypped to dryue theym to labour.

℞Of all theues ys thys one of the wurste and moste cruell kynde.
For of all theues men most abhorre them that whan they haue take a
mannes money frome hym/then take and bynde hym and bete hym to.
But yet ys this wretche myche wurse. for he fareth as a cruell these
that wolde wythout respecte of hys awne commodyte/take a mannes
money

money frome hym and caste yt he care not Where/and then bynde the
man to a tree and bete hym for hys pleasure. Oh the cheryte.

But he sayeth he wolde haue theym Whypped to compell them to
laboure and gette theyre lyuynge in the swete of theyre faces. And
thys wold he not good man but for fulfullyng of goddys commaun-
dement. For he sayeth that yt ys comaunded them in the fyrst chapter
of Genesys. And therfore ys he theryn so indifferet that he excepteth
none/ but calleth the beste but ydle holy theues/ and so wold haue the
all robbed and spoyled/ bounden and beten to compell them to wurk
wyth theyre handes/ to gete theyre lyuyng in the swete of theyr faces
for the fulfullyng of goddys commaundement. Amonge thys com-
pany that he wolde sodaynely sende forthe new robbed wyth ryght
naught lefte theym: ys there many a good man that hath lyued full
godly many a fayre day/ and duely serued god & prayd for vs/ which
we haue well founden: many an olde man: many a sore syk man: and
many blynde and many lame to. All whyche as sone as they be dreue
owte of theyre awne dores/ this cherytable man wolde be very well
content to see them bounden and beten to/ bycause they be of þ clergy
for excepcyon maketh he none/ in thys worlde.

He sayeth vnto the charge of the clergy that they lyue ydle all/ &
that they be all bounde to labour and gette theyre lyuyng in the swete
of theyre faces/ by the precepte þ god gaue to Adam in the fyrste cha-
piter of Genesys. Here it is ma sheweth hys conyng. For yf thys be
so: then were the preestes in the olde lawe bounden therto as well as
ys þ clergy now. And then howe happed yt that of thys poynte there
was no mencyon made by Moyses: howe happed yt that god in that
lawe prouyded theym myche larger lyuynge then he dyd the lay peo-
ple: & that such kynde of lyuynge as declared that hys pleasure was
that they shuld lyue owt of labour and vppon þ labour of other men-
nes handes? The holy apostle saynt Powle/ all though hym self in
some places forbare to take hys lyuinge frely/ but rather chose to ly-
ue of hys owne labour then to be in theyre daungeour whych wolde
happely haue sayd þ he preched bycause he wold lyue at ease therby/
and thys dyd he specyally to put suche false apostles to sylence/ as
for suche desyre of ydle lyuynge fell some where to false prechynge:
yet neyther dyd he so in euery place/ and also confessed and sayed that
he myght well and lawfully haue done the contrary/ affyrmynge yt
for good reason þ he that serueth the awter shuld lyue of the awter &
sayng also: yf we sow vnto you spirituall thyng/ ys yt a great thing
yf we repe your carnall thyng? Now chryst hys awne mouth sayd
vnto the people/ that they shulde not leue theyr dutyes vnpayed vn-
to the preestes. And thys good chrystē man wold haue theym all clene
taken frome theym and yet the preestes well beten to.

D .ii.   He re-

¶He rekeneth all the clergye ydle / bycause they labour not wyth theyre handes tyll theyre faces swete. But our sauyour chryst reke-ned farre other wyse in blessyd Mary Magdalene / whose ydle syt-tyng at her ease and herkenyng / he accounted and declared for better busynes then the busy styryng & walkyng abowt of his good hostesse Martha whyche was yet of all worldly busynes occupyed abowte the beste: for she was busye abowte almoyse and hospetalyte / and the gestyng of the beste pore man and moste gracyouse geste that euer was gested in thys worlde.

¶Now yf thys can not yet content thys good man bycause of goddes commaundement geuen vnto Adam / that he shuld eate hys brede in the swete of hys face: thys wold we fayne wyt whyther hym self neuer go to mete / tyll he haue wrought so sore wyth hys handes that hys face sweteth Surely we beleue he laboureth not so sore before euery meale. But yet yt were not good to truste hys answere / for he wyll happely say yes / and not lette for one lye amonge so manye. Howe be yt he thynketh yt peraduenture inough for hym / that he spytteth and stu-dyeth iply he swete in sekynge owte olde heresyes / & deuysyng newe And verely yf he loke that suche busynes shulde serue hym for a dys-charge of hande labour / moche better may we thynk dyscharged ther-of / many good men whome he wold haue beten therto / spuyng theyr lyues in fastyng / prayer & prechyng / and studyeng abowt the trouth.

¶But yt ys good to loke bytyme what this beggers proctour mea-neth by thys commaundement of hand labour that he speketh of. For yf he confesse that yt byndeth not euery man: then ys yt sayed to no pur-pose agaynste the clergye. For there was a small clergye when that word was sayed to our first fader Adam. But now yf he call yt a pre-cepte as he doth / and then wyll that yt extend vnto all the hole kynd of man / as a thynge by god commaunded vnto Adam and all hys of-spryng / the thogh he say lytle now / he meneth to go ferther here after then he speketh of yet. For yf he myght fyrst haue the clergy put owt of theyre lyuynge / and all that they haue clene taken frome therm / & myght haue theym ioyned to these beggers that be now / and ouer the added vnto them and send a beggyng to / all those that the clergye fynd now full honestly: thys pageaut ones played / and hys beggers byll so well spedde / then whan the beggers should haue so mych lesse ly-uynge and be so many moo in multytude: surely lyke wyse as for the beggers he now maketh hys byll to the kynges hyghnesse agaynste byshops / abbottes / pryoures / prelatys / and preestys: so wold he then wythyn a whyle after make a nother byll to the people agaynst mer-chauntys / gentylmen / kynges / lordes / and prynces / and complayne that they haue all / and saye that they do nothyng for yt but lyue ydle / and that they be commaunded in Genesys to lyue by the labour of theyr handys

handys in the swete of theyre facys/ as he sayth by the clergye now.
Wherein yf they wene that they shall stande in other case then the cler
gye doth now: they may peraduenture sore deceyue theym selfe. For
yf they wyll thynk that theyre case shall not be called all one bycause
they haue landys and goodys to spue vppon/ they must consyder so
hath the clergye to. But þ ys the thyng þ thys beggers pctor complay
neth vppon/and wold haue theym taken away. Now yf the landed
men suppose that theyre case shall not seme one wyth the case of the
clergye/bycause they shall happely thynk that the church hath theyr
possessyons gyuen theym for causes whych they fulfyll not/and that
yf theyre possessyons happen to be taken frome theym yt shalbe done
vppon that grounde/and so the say landed men owte of that fere by
cause they thynke that suche lyke occasyon and ground and consyde-
racyon fayleth and can not be founden in them & theyre enherytaunce:
surely yf any man clerk or lay haue landis in þ gyft wherof hath bene
eny condycyon adioynyd whych he fulfylleth not/ the geuer may well
with reson vse theryn such aduauntage as þ law geueth him. But on þ
tother syde who so wyll aduyse pryncys or lay people to take from þ
clergy theyr possessyons/ allegyng maters at large/as sayng to theyr
charge that they liue not as they shuld/nor vse not well theyr possessi
ons/and that therfore yt were well done to take them from theym by
force and dyspose them beter: We dare boldly say who so gyueth this
deuyce as now doth this beggars proctour/ we wolde gyue you coun-
sell to loke well what wyll folow. For he shall not fayle as we sayd
before yf thys byll of his were sped/to fynde you sone after in a new
supplicacyon new balde reasons ynow þ shuld please the peoples ea
res/ wherewyth he wold labour to haue lordys landis and all honest
mennys goodys to be pulled fom them by force & dystrybuted among
beggars. Of whych there shuld in thys wyse þ he deuyseth encreace
and grow so many/that they shuld be able for a sodayn shyft to make
a strong parte. And surely as the fyre euer krepeth forward and labo
reth to turn all into fyre: so wyll such bold beggars as thys is/neuer
cease to solycyte and precure all that they can/the spoyle and robbery
of all that ought haue/and to make all beggars as they be them self.
¶We be content þ ye beleue vs not/But yf yt haue so pupd all redy
by those vplandysh Lutherans that rose vp in Almaygne. Whych be
yng onys raysed by such sedycyose bokys as ys thys beggars supply
cacyon/& such sedycyouse heretykys as ys he that made yt: set furste
vppon spyrytuall prelatys. But shortly therupon they so strechyd
vnto the temporall pryncys/that they were fayne to ioyne in ayde of
them self with those whom they laughed at furst to se them put in the
paryll/hoppynge to haue had the profyte of theyr losse/tyll they saw þ
they were lykly to lese theyr owne wyth them. And for all the ponysh

D.iii.　　ment

ment þ they purſued vppon thoſe rebellyouſe parſōs/of whom ther
were in one ſomer ſlayn aboue.lx.M.yet ys that fyre rather couered
than quenchyd/becauſe they ſuffered yt crepe forth ſo farre at furſt/
þ dyſcencyō grew therby amōg the lordys thē ſelf/as there cā neuer
fail ſome nedy rauenouſe ladēd men/that ſhalbe redy to be captayns
in all ſuch rebellyons: as was the lord Cobham called Oldecaſtell
ſomtyme a captayn of heretykes in Englande in the dayes of kyng
Henry the fyrſt.And ſurely there would ſone folow ſome ſore chaūge in the temporalte/yf thys beggers proctour haue hys malycyouſe
ſupplycacyon ſpedde agaynſt the ſpyrytualte.

℄ But yet leſt folk ſhulde abhorre hys hard harte and crueltē:þ mā
tēperyth hys mater wyth a goodly vſage of the ſore inwarde ſorow
þ he takeſh for the mynyſhmēt of mankynd/and wyth the greate zele
that he bereth to generacyō for the good encreace of cryſten people in
the lād.for he wold for that cauſe in eny wyſe that all þ clergy ſhuld
haue wyues.for he aſketh þ kyngf hyghnes (as the mā hath caught
a great pleaſure to appoſe the kyng/wherin he vſeth a fygure of rethoryk that mē call ſawce malaperte).What an infynyte nūber of peo
ple mygh haue bene encreaſed to haue peopled your realme/yf thys
ſort of folk had ben maried lyke other men.This mater that preſtes
muſt nedys haue wyues he bryngethe in dyuerſly iŋ.iii.or.iiii.placys.
And amonge other he hathe one/wherin he ſheweth in taplynge agaynſt the clergy a princypall parte of hys excellente eloquence.for
there he vſeth hys ryall fygure of rethoryke called repetycyō / repetyng often by þ hole clergy:theſe be they iŋ þ begynyng of hys clauſe
: Theſe be they þ haue made.℄.M.idle hores in your realme.The
: ſe be they þ corrupt the generacyō of mākynd in your realm. Theſe
: be they that draw mennys wyues in to incontynency in your realme.
And after dyuers of ſuch theſe be theſe/ he cōcludeth ℣ knytteth vp
the mater wyth his accuſtomyd vehemence ſet out of Luthers volu
mys/aſkyng who is able to nomber the great brode botomleſſe occeā
ſee full of yuels/that thys myſcheuouſe and ſynfull generacyō bryn
geth vp vppon vs.As though all the hole clergy were of thys cōdy
cion and no man els but they. But among all hys theſe be thays/thys
ys one whych as the ſoreſt and the moſt vehemente/ he ſetteth in the
: fore front of thē all:Theſe be they that by theyr abſtaynyng fro ma
: ryage/do let the generacyon of the people/wherby all the realme at
: lenght yf yt ſhuld be contynued ſhalbe made deſert and inhabytable.
℄ Lo the depe inſyght that thys beggars proctour hathe in the brode
botomleſſe occeā ſee full of yuels to ſaue the greuouſe ſhypwrak of
the comen welth. He ſeeth farre farther than euer Cryſt was ware
of/or eny of hys blyſſed apoſtles/or eny of þ old holy fathers of cry
ſtys fayth and religyon ſyns hys holy aſſencyō heitherto/tyll now þ
                                                                    Luther

Luther cam of late and Tyndale after hym/ & spyed out thys great
secrete mystery that neyther god nor good man coud espye. If theyr
abstaynyng fro maryage shuld make all the lad desart and inhabyta
ble/how happeth yt that habytacyon endureth theryn so long: for the
lande hathe lasted syth the begynnynge of theyr abstepnynge frome
maryage ye wot well many a fayre day. And now yf theyr abstaynig
from maryage not wythstandyng/the land hath bene vpholden wyth
the generacyon of you ÿ at the temporalte so long: ye shall lyke wyse
hereafter be goddys grace and the helpe of good prayours for kepyng
the land from wyldernes/be able to get chyldern styll your self/and
shall not nede to call neyther monkys nor freres to helpe you.

Now yf yt be so that ÿ clergy be as he sayth but the hundred part
of the men/and yet not so mych nether: there ys not then so great pa=
rell of the land to fall to wyldernes/but ÿ the .lxxxxix. partes may
mayntayn yt populouse/though the hudred part abstayn. But he for
to shew that he hath not left hys anxyouse fauour toward his natyue
cotrey though he be ronne away from yt for heresy: feareth sore lest ÿ
hundred parte forberyng maryage/all the .lxxxxix. partes shall not be
able so to preserue yt wyth generacyon/but that yt shall wax not one=
ly desert/but also (wherof we most wonder) inhabitable/ÿ is to say
suche as of yt self shall not be able for mannys habytacyon: But he
paraduenture taketh inhabytable for desart/desolate and not inhaby
ted/because men shuld se that he can so roll in hys rethoryk/that he
wotteth not what hys owne wordys meane.

And sumwhat yet ys yt to be consydered/that in such parte of his
boke that he wold haue yt appere that theyr spryng is to mych: there
he wold make yt seme that they were very few. And where he wold
haue them take wyues: he wold haue them seme so many /that theyr
abstaynyng from maryage were able to bryng all the land into deso=
lacyon and wildernes. And thus he handleth eyther parte so wysely:
ÿ there lakketh hym nothyng perthly theryn/but euе a peny weyght
of wyt. for lawt wherof/hys wyly foly foreseeth not that one parte
of his proces euer impugneth a nother. for they that were right now
so small a parte of people that a littell wold suffyse for theyr spryng:
be now sodenly so many that yf they were maryed/infynyte nomber
of people he sayth to ÿ kyng wold increase to people his realm wyth
Now yf that be trew that of them alone yf they were maryed/so in=
fynyte nomber of people wold encrease/that yt wold make ÿ realm
populouse: then eyther ar they contrary to hys count mo then the hu=
dreth part (for one out of a .C. is no very parceyuable mysse/nor one
added to an .C. no very parceuable encrease) or els yf they be but the
hundred parte as he made hys rekenyng ryght now/yet yf yt be then
trew that he sayth syns/that of the hudred parte maryed so infynyte
nomber

nomber of people myght yncreaſe to people the realme : then can he
not deny but that of the .lxxxix. partys there may grow. lxxxix.ty=
mes infinite nöber of people. And then they beyng ſo/thoughe ꝑ cler
gye beyng as he ſayth but ꝑ hundred part neuer mary: yet ſhall ꝑ po=
re foke not nede to wake ꝗ wax lene for fere of the realm fallynge to
wyldernes. In whych he ſeeth ꝑ there maye of the .lxxxix. partis re
ſpdew/ grow and encreaſe. lxxxix.tymes infynyte nomber of peo=
ple to make ꝑ land populouſe.   ¶ Yet maruayle we mych
of one thyng ꝑ in all his fere ꝑ generacyon ſhuld fayle becauſe ꝑ cler
gye maryeth not: he ſeeth no man vnmaried in all the realme but the
How many ſeruauntys ? How many tall ſtrupnge men are there in
the realin that myght yf men ſaw ſuch a ſodayn neceſſyte/ rather ma
ry then the clergy ꝑ haue vowed to god the contrary ? But he forceth
nott ſo mych for the mater that he maketh hys pretext / as he doth in
dede to haue all vowes voyd/ that he myght get Luther ſum fewd
companyons in England.
¶ But now what yf thys good man had the rule of this mater/ and
wold put out all the clergy and byd them go wed ? He ſhuld parad=
uenture fynde ſome that wold not mych ſtyk therat: but they ſhulñ be
of the worſt ſort/and ſuch as now be ſklaunder of theyr order/ꝗ whñ
ꝑt were moſt nede to kepe fro generacyon/leſte yuell crowes bringe
you forthe yuel byrdys. But as for the good preſtys ꝗ good relygy-
ouſe whoſe chylderne were like to be beſt and to be beſt brought vp:
they wolde not mary for breche of theyr vowes. And thus ſhulde ye
haue the naughty generacyons encreaſe wherof there be to many all
redy: and of the better neuer the mo.
¶ What wold thys good mã do now wyth good folk of the clergy ꝑ
wold not mary ? He wold of lykelyhod bynde them to caryſ and bete
them/and make them wed in the wanyand. But now what yf womñ
wyll not wed thē / namely ſyth he ſendith thē out wyth ryght noght/
ſauynge ſklaunder/ ſhame and vylanye ? What remedy wyll he fynde
therfore ? Or wyll of lykelyhod compell the women to wed theym: ꝗ
yf thē wēch be nyce and play the wanton and make the mater ſtrãge
then wyll he heze her to bed to.
¶ Surely we can not but here cöfeſſe the trouth/ theſe nyce and wã
ton wordis do not very well wüh vs: but we muſt pray ged and you
to pardon vs. for in good fayth hys mater of monkys marryagys ys
ſo mery and ſo mad/that yt were able to make one laugh that lieth in
the fyre: ꝗ ſo mych the more/in how mych he more erneſtly preacyth
vppon the kyng in thys poynt/to haue in any wyſe the clergy robbed
ſpoylyd/boũden/beten and weddyd. Wherby what oppynyon he hath
of weddyng/ ye may ſone parcepue: for ye ſe well that yf he thought
yt good/ he woulde not wyſſh yt theym.   ¶ Many that rede hys

wordps/wene that he were some mery mad geste:But he seemeth ve
farre otherwyse. For excepte he were a wonderouse sad man of hym
selfe/he coud neuer speke so ernestely in so mad a mater.

℘Yet one thig wold we very fayn wyt of hym.Whē he had robbed
spoyled/bounden/beten and wedded all the clergy/What wold he thē
shuld eny of them be curatps of mennys soules and preche and my
nyster the sacramentps to the people or nat?

℘If they shuld:yt were a very strange fasshon to robb hym/bynde
hym/and bete hym on the tone daye: and then knele to hym/and con
fesse to hym/and recepue the sacrament of hys blude on þ tother day/
reuerently here hym preche in the pulpytte / and then bydde hym go
gette hym home and clowte shone.Eyther he muste mene to haue yt
thus/whyche none honeste man coulde endure to se:or ellps of whych
twayne we wote nere well whpther is the wurse/he entendeth to ha
ue all holy orders accompted as nothynge/ and to haue no mo sacra
mentps mynpstred at all:but where as sone after crystes ascencyon
hys church buryed the ceremonyes of the iewes synagoge wyth ho=
nour and reuerence/so wold he now that crysten people shuld kyll a
cast owte on a donge hyll the blessyd sacramentps of cryste wyth vy
lany rebuke and shame.And surely to tell you þ trouth/thys ys hys
very fynall intent and purpose/and the very marke that he shoteth
at/as a specpall poynt and foundacyon of all Luthers heresyes whe=
of thys man ys one of the baner berers.And therfore here wold hys
awne hygh sore wordps haue good place agaynst hym selfe.For this
mpscheuouse deupse of hys/ys in dede a great brode botomelesse oc=
cean see full of eupllys/ wherpn wold not fayle the greuouse shyp=
wrake of the comen weith whych god wold sone forsake yf þ people
ones forsake hys fayth/and contempned hys holy sacramentps/ as
thys beggers proctour laboureth to brynge abowte. Whyche thrynge
hys deupce and conueyaunce well declareth / all though he forbere
expressy to saye so farre/bycause of the good a gracpouse catholyke
mynde that he well knoweth and by hys gracps excellent wrytynge
percepueth to be borne by the kyngs hyghnes/to the catholyk fayth.
For whyche he couereth hys malpcyouse entēt and purpose toward
the fayth/vnder þ cloke of many temporall benefptes/that he sayth
shuld succede and folow to the kyngps hyghnes and hys realme/yf
these hys hygh polytyque deupces were ones by hys grace agreed.

℘For in þ ende of all hys byll:he gathereth hys hygh cōmoditees to
gether/saynge that yf the kynge take all frome the clergye/ sette thē
abrode at the wyde world wyth ryght nought to wed a take wyues/
and make theym labour for theyre lyuynge tyll they swete/bynde
theym to cartes and bete theym well/he saythe to the kynge in þ beg=
gers names:then shall as well the nombre of our forsayd monstru=

℘ ouse sort

: ouſe ſort/as of the bawdes/hores/theups/and idle people decreace.
: Then ſhall theſe great perely exaccyons ceace/The ſhall not your
: ſworde/power/crowne/dygnyte and obedyence of your people be
: tranſlated frome you. Then ſhall you haue full obedyence of your
: people. Then ſhall the ydle people be ſet awork. Then ſhall matry
: mony be myche better kepte. Then ſhall the generacyon of your pe
: ople be encreaſed. Then ſhall your comēs encreaſe in ryches. The
: ſhall none take owre almoyſe frome vs. Then ſhall the goſpell be
: preached. Then ſhall we haue inough and more. The ſhalbe þ beſte
: hoſpytall that euer was founded for vs. Then ſhall we pray to god
: for your noble eſtate longe to endure.

℄ Lo here here ye heped vp many great cōmodytees / yf they were
all trew. But we ſhewed you byfore and haue alſo proued you/ that
hys byll ys myche grounded vppon many great lyes/Wherof he by
and by byganne wyth ſome and after went forth wyth mo. And now
to thentent that thende ſhuld be ſomewhat ſutely to the remanaunte
as he byganne wyth lyes and went forth wyth lyes/ ſo wyll he with
lyes lyke wyſe make an ende: ſauyng that in the bygynnyng he gaue
theym oute by tale/ and in the ende he bryngeth theym in by hepes.
For fyrſt he ſayth þ then ſhall the nomber of ſore and ſyke beggers
decreace. Now for ſhall there by the robbyng/weddynge/byndynge
and betynge of the clergye/Blynde beggers gette theyre ſyght agayn
or lame beggers theyre legges: ys there no man in all the clergy ſyk
and ſore that ſhalbe by thys way ſent vnto them? ſhold there not ma=
ny that now be in good helthe waxe ſhortely ſyk and ſore / and ſytte
and begge wyth theym? were thys a mynyſhement of ſyk and ſore
beggers to make mo and ſend to them?

℄ The ſhall (he ſayth) bawdf/ τ hores/theues/τ ydle pepſe decre=
ce. Thys mā weneth he were coſyn to god/τ coud do as he dyd: Di=
xit τ facta ſunt. For as ſone as he hath dyuyſed yt/ nowe weneth he þ
yf they were all put owte τ ſo ſerued by τ by/ the were all forth with
in good order. As ſone as he ſayth lette theym wedde/ nowe he we=
neth þ forth wyth euery preeſte monke τ frere hath a wyfe. As ſone
as he hath ſayd bind theym τ bete the to wurke/ forth wyth he weneth
euery man ys at hys wurke. And all thys he rekeneth ſure ere euer
he prouyde wurke for theym/ or where they ſhall dwell/ or who ſhall
take ſo many to wurk at onys þ neuer were wōte to wurke byfore /
and thys where he ſeeth many walke ydle all redy/ that eyther no be
tyng can dryue to wurke/ or ellys no man wyll take to wurke. Fryſte
we truſt that among the clergye there be many men of that goodnes
and vertue/ that ſcante a deuyll could fynde in hys harte to handle
them in ſuche dyſpytuouſe and dyſpyghtfull maner. But go to lette
theyre honeſt lyuyng and vertue lye ſtyll in queſtyon/ yet at the leſte
wyſe he

wyse he wyll graunte they be good or nought. Nowe then yf they be
good: he ys to very a vyfayn y wold farue good men fo. And on y to
ther fyde yf they be all as he wolde haue them all feme / vnthryfty /
lewde / and nought: howe can yt be that by that reafon of fo many fo
noughty / fo fodaynly fette owte at large / ye fhuld haue bawdes / har
fottys / theeups / & ydle people decreace: excepte he thynke that thofe
whome he calleth nought all redy beynge as they nowe be kepte in /
and in honeft fafhyon refrayned / & many kepte vp in cloyfters / wylbe
better rufed abrode. runnyng at y wyld world as bullhys broken owt
of a parke. Ouer thys howe can there by the maryagys of preeftys /
monkys / & fryres / be fewer hores and bawdys / whē by the very ma
ryage yt felf beynge as yf were inceftuoufe & abhomynable / all were
ftarke harfottys that maryed them / and all ftark bawdys that fhuld
helpe to bryng them to gether.

¶ Thā fhall he fayth / thefe great perely exaccyōs ceace. Howe can
fuch thyngys reace as neuer yet byganne. Ye remēber what thyngys
he called exaccyons / the freres quarterage / whych he fayd that they
exacte of euery houfehold / and compell theym to pay yt vppon payn
of herefye / beryng of a fagot or burnyng. Can he among fo many ne
payeth yt not / fay you one fample y euer any fayd he was fo ferued
thys feuen yere / thys. vii. fcore yere / thys. vii. C. yere: Can he faye y
euer yt was exacted of hym felfe: We knowe where he dwelled / and
that yf he had had none other caufe to rūne away / furely for eny fere
of freres y euer exacted of hym quarterage / he wold not haue bene
afrayed to dwell by the befte of theyre berdes.

¶ Then fhall ydle folke he fayeth be fette a worke. By what mea
nys: whom hath he deuyfed mo to fette ydle men a worke: But yf he
foke that ydle men fhalbe fette a worke by theym whōme he fendeth
owte of theyre awne houfys wythout money or ware / neyther he nor
they wote whyther.

¶ Then fhall matrymony by myche better kepte. why fo: bycaufe
there be mo men vnmaryed fent owt abrode to brek yt: who (yf they
be fuche as he calleth theym) were (yf they wente all abrode) well
lykely to breke many a nother mannys maryage ere they made all
theyre awne.

¶ Then fhall the generacyon of your people be encreaced. Is that
the greatefte fawte he fyndeth the lak of generacyon: If he fawe as
farr as he wold feme to fe / thē fhuld he fpye y it were firft more nede
to prouyde houfes to dwell in / wyth lande layde therto for tyllage: or
ellys experyence techeth that there is generacyon ynough for y corne
that the groūde bereth. And that thynge ones well puryded for / there
wyll ynowe be founden to multyply more generacyon of fuche as
may laufully wedde ād wold wedde / yf they wyfte where after wed

dynge

dynge theyre wyfe and theyre chyldren shuld dwell.

¶Then shall not your swerde/power/crowne/and dygnyte/and obedyence of your people/be taken frome you. Who hath taken yt away nowe? Who hath hys sworde borne but hys hyghnes hym selfe or suche hys deputyes as he appoynteth yt vnto: his crowne no man bereth but hym selfe/as farre as euer any of vs herde. And yet yf hys hyghnes haue any crowned kyngc vnder hym/his swerd/power crown & dignyte/ys nothyng defaced nor mynysshed: but honowred & enhaunced by that. But all the myschefe ys that the spyrytuall court hath exanynacyon of heretyques/thys ys all the gryefe. For as for obedyence of the kyngys people/hys hyghnes fyndeth none takē frō hym. Was there euer kynge in thys realm better obayd thē he? Hath his hyghnes of eny part of hys realm bene better obayd or more hūbly serued thē of hys clergy? Was there euer eny kynge in the realm that had hys crowne translated frome hym/bycause thē clergye had landys geuē them/ or bycause men gaue almoyse to the pore freres? in good fayth ye may truste vs we neuer knewe none suche. Whan þe beggers proctour preueth any suche ye may then byleue hym: and in the meane tyme ye may well byleue he lyeth.

¶Then shall ye haue obedyēce of your people, yet agayn? Tyll he fynde in the kyngys realm some that dare dysobay hym/yt were not myche agaynst reason that harpynge so myche vppon that strynge/þ euery mannys eare percyueth so falfe and so farre owte of tune: he shulde confesse hym selfe a fole.

¶Then shall your people encreace in rychesse. Wherfore þ rather? Not one halfepeny for aught that he hath spokē yet/except he mean when he taketh the lande frome the clergye/then to dyuyde yt amōg the people and make a dole of the freres almoyse to. And yf he mean so: When he sayeth yt owte playnely then wyll we tell you what he meaneth more. But in the meane season to proue hym both falfe and folysshe/yt ys ynough to tell hym/that the people can not waxe rych by theyr cōmyng to them that are sent owte naked and bryng naught wyth theym.

¶Then shall none begge our almoyse frome vs. No parde/none but all they that ye wyll haue sent owte naked to you/whyche wolde be mo then ye wolde be gladde to se sytte and begge wyth you/and se thē aske your almoyse frō you þ were wonte to gyue almoyse to you.

¶Then shall the gospell be preched, ye mary that that. There is þ great mater that all thys gapyng ys for. For vndowtedly all the gapynge ys for a new gospell. Men haue bene wonte thys many yeres to preche the gospell of criste in suche wyse as saynt Mathew/saynt Mark/saynt Luke/and saynt Jhān hath wrytē yt/ and in such wyse as þ old holy doctours saynt Hyerom/saynt Austyn/saunt Ambrose
saynt

saynt Gregory saynt Chrysostome/saynt Basyle/saynt Cypryan/
saynt Barnerd/saynt Thomas/and all the olde holy faders synne
crystys dayes untyll your awne dayes haue understande yt. Thys
gospell hath bene as we say alway thus preched. Why sayeth he now
that yf þ clergy were caste oute for nought/that then þe gospell shold
be prechyd. Who shuld then be these prechours? He meaneth not þ þe
clergy shall/ye may se that well. Who than. Who but some ley Luthe
ranes? And what gospell shall they prech? Not your old gospell of
Cryste: for þ is yt whych was wonte to be preched unto you. And he
wold ye shuld now thynk that the gospell shall begyn to be prechyd:
and yet not begyn to be prechyd amog you/tyll the clergy be cast out.
What gospell shall that be than that shall then be prechyd? What gos
pell but Luthers gospell and Tyndals gospell: tellyng you þ onely
fayth suffyseth you for saluacaȳ: and that there nedyth no good wor
kys/but þ yt were sacrylege and abhomynacyon to go about to please
god wyth eny good workys: and that there ys no purgatory/nor that
the sacramentys be nothyng worth/nor þ no law can be made by mā
to bynde you: but that by your onely fayth ye may do what ye wyll:
& þ yf ye obey eny law or gouernour/all ys of your awne curtesy &
not of eny duty at all: fayth hath set you in such a fewd lyberte.

¶ Thys & many a mad frantyke foly shalbe the gospell þ thē shall
be prechyd/wherof he bosteth now as of one of the moste specyall cō
modytees/that shall succede uppon hys goodly and godly deuyces.

¶ Well ye playnly parceyue þ he meaneth thus: After all hys mys
cheups rehersyd agaynst the church: he hathe an other matter in hys
mynde/whych he dare not yet speke of/but he maketh therof a secret
ouerture leuyng yt in such wyse at large/as he wold that men shulde
gesse what he men/& yet he reserueth hym self some refuge to flytte
therfro when he lyst. for yf he shuld se that men shuld mysslyke yt/ye
wold in such case say that he ment some other thyng. And therfore he
purposeth yt under these wordys: Here leue we out þ greatyst ma- :
ter of all/lest we declaring such an horrible catrayn of euyll agaynst :
the mynysters of iniquyte/shuld seme to declare the one onely faute :
or rather þ ignorance of our best beloud mynyster of ryghtuousnes. :
Whych ys to be hyd tyll he may be lerned by these small enormytees :
þ we haue spoken of/to know yt playnly hym selfe

¶ Thys thyng put forth lyke a rydle harde to rede what yt shulde
sygnyfye: we haue had synnys/by suche as we byfore shewed you þ
dyed and cam hyther/playnly declared unto us. And surely who so
well aduyseth hys wordf/and well pondereth hys hole purpose/and
the summary effecte of his boke: shall mowe sone perceyue what he
meaneth in that place. for what shuld that thyng be that he leueth out
that shuld be the greatest of all/and that shuld be sayed agaynste the

mynysters of inyquyte Whych he meaneth and calleth þ hole clergye
anð that shuld be such an horryble carayne of euyll/ þ yt shud passe ⁊
excede any myscheuouse matter that he had all redy spoken agaynste
byfore: What maner of mycheuouse mater shuld thys be:
    Thys horryble carrayn of puell that he seuyth out/ syth yt ys as he
sayth the greatest mater of all/must nedys ye wot well be greater a-
gaynst the clergy/than all that great brode botomelesse occean see of
puels: more than all hys These be theys: more than the makyng of
such great nomber of beggars/of ydle men bawdy/hoorys and the-
uys: more than the hyndryng of matrymony/corruptyng of generaci
on : more than translatyng the kyngys kyngdom: more thã bryngyng
the kyngys crown to rupne: more than bryngyng the comen weale to
shyp wrak/and all the realm to wyldernes. What thyng can thys hor
rible carrayn be that the clergy dothe/that he seueth out for a whyle/
that so farre excedyth these mycheuouse maters before remembryð/
that in comparyson of yt he calleth them all smal enormytees/⁊ as a
man wold say lytle prety peccadulyans. Verely by thys thyng mea-
neth he none other/but the prechyng of the very hole corps and body
of the blessed fayth of Cryste/⁊ the mynystryng of the blyssed sacra
mentis of our sauyour Cryste/and of all those in especyall the conse
cratyng of the sacred body the flesh and blood of our sauyour Cryst.
For the techyng ⁊ prechyng of all whych thyngys/thys beggers pc-
tour or rather the dyuels proctour wyth other beggers that lak grace
and nether beg nor loke for none: bere all thys theyr malyce ⁊ wrathe
to the churche of Cryste. And seynge there ys no way for attaynyng
theyr entent but one of the twayn/þ ys to wyt eyther playnly to wryte
agaynst the fayth and the sacramentys: Wheryn yf they gat them cre
dēce and obtaynyd/they then se well the church must nedys fall ther-
wyth)or els to labour agaynst the church alone/⁊ get the clergye dys
troyd/Wheruppon they parceyue well that the fayth and sacramentꝭ
wold not fayle to decay: they parcepyng thys/haue therfore furste
assayd the furst way all redy/sendyng forth Tyndals trãslacyon of
the new testament in such wyse hãdled as yt shuld haue bene the fou
tayn and well spryng of all theyr hole heresyes. For he had corrupted
and purposely chãged in many plucys the text/wyth such wordys as
he myght make yt seme to the vnlerned people/that the scrypture af
fyrmed theyr heresyes it selfe. Then cam sone after out in prynt the
dyaloge of frere Roy ⁊ frere Hyerome/betwene þ father ⁊ þ sonne
agaynst þ sacrament of þ aulter: ⁊ the blasphemouse boke entytled
the beryeng of the masse. Then cam forth after Tyndals wykkyd
boke of Mãmona/⁊ after that his more wykkyd boke of obydyence.
In whych bokys afore specyfyed they go forth playnly agaynst the
fayth and holy sacramentis of Crystys church/and most especyally
                                                              agaynst

agaynst the blyssed sacrament of þ aulter/wyth as vylanous wordᵉ
as the wretches coud deuyse. But whē they haue perceyud by experēce
þ good people abhorred theyr abomynable boke: thē they beyng ther=
by lernyd þ the furst way was not þ best for þ furtherance of theyr
purpose/haue now determined thē selfe to assay the secūde way/that
ys to wytte þ forberynge to wryte so openly and dyrectely agaynste
all the fayth ᵼ the sacramētys as good crysten men coulde not abyde
the redyng/they wolde/wyth lyttell towchyng of theyre other here=
syes/make one boke specially agaynst þ church ᵼ loke how that wold
proue. Whyche yf yt succede after theyre appetytys that they myght
wyth false crymes layd vnto some/or wyth the very fawtis of some
brynge the hole churche in hatered and haue the clergye dystroyed:
thē shuld they more esely wynne theyre purpose that waye. For whē
the prechours of the fayth and very gospell were dystroyed or farre
owte of credence wyth þ people/then shulde they haue theyre awne
false gospellys preched/as ye may perceyue that thys man meaneth
where he sayth þ thē shall the gospell be preched. And therfore thys
ys the thynge whych thys man as yet leueth owt agaynst thē/that is
to wytte the prechyng of the ryght fayth and the sacramētys/whych
thynge he releueth in the clergye a more horryble carayn/thē all the
crymes wheryn he hath bylyped them byfore: And therfore sayth he þ
he leueth yt owte/leste he shulde seme to declare the one and onely
fawt of the kyngis hyghnes. Whych one onely fawte he meaneth his
gracys moste famouse and moste gracyouse boke/that hys hyghnes
as a prynce of excellent erudycyon/vertue/and deuocyon toward þ
catholyke fayth of cryst/made of thassercyon of the sacramentys a=
gaynst þ furyouse boke of Marthin Luther. Thys godly dede done
by hys hyghnes/wyth thacceptacyō of hys godly well deserued ty=
tle of defensoure of the fayth gyuē hys grace by the see apostolyque/
thys calleth thys beggers proctoure the kyngys one and onely fawt
and ignorance of theyre false fayth in estymacyon of these herety=
ques/whych this beggers proctour sayth that he wyll for the whyle
hyde and couer vnder hys cloke of sylence/tyll the kynge may by
these enormytyes where wyth he bylyeth the churche in hys beggers
byll (whyche enormytyes he calleth smale enormyties in comparyson
of the prechyng of the catholyke fayth and the sacramentys) be ler=
ned. What lesson trow ye? None other surely/but that they hope that
as well hys hyghnes as hys peple/may by suche beggers byllys be
fyrste asured and brought in/to cōtemne/hate and dystrope þ churc:
and then therby lerne the tother lesson whych he now leueth owte for
the whyle/that ys to wytte to sette at nought the catholyque fayth
and all the blessyd sacramentys/after the techyng of Luthers
and Tyndallys gospell. And therfore sayth he as we tolde you by=
fore/

for/that then shall the gospell be preched.

¶ And in the mene tyme þ man vseth as he weneth hym self to ward þ kynges grace a very wyse fasshon of flatery/callynge hym theyre best beloued mynyster of ryghtuousnes:yet be they not onely ronne away for fere of the ryghtuousnes of theyr best beloued mynister of ryghtuousnes/but also wold yt shuld seme þ his hyghnes were such a mynyster of ryghtuousnes/as eyther set so lyttel by ryghtuousnes that he wold wyttyngly suffer/or els had so lytyll insyght in ryghtuousnes that he coud not parceyue/so great a mater and such an horryble carrayn of euyll commyttyd by the church/as were so heynouse/so houge and so great: that in comparyson therof/the translatyng of hys kyngdome/the ruyne of hys crown/the shyp wrak of hys comen weale/the dyspeplyng of hys realm/and bryngyng all hys land in to desolacyon and wyldernes: were but sleyght maters and small enormytyes. And that hys hyghenes shuld towarde thys great horrible & intollerable myscheuouse demeanure of the church/be ayding and assystent eyther of euyll mynde or of ygnoraunce/tyll that by theyr beggarly byll beyng torned into the hatred & the dystruccyon of þ church he myght thereby be illumynyd to lerne and parceyue that the faythe whych hys grace had before both lernyd & taughte/and wherof hym self ys the deffensor/ys false and faynyd:and that the sacramentys be but mennys inuencyons/ and that theruppon he shuld be contente to lern the gospel of Luther and the testament of Tyndale. And thus ye may se what the beggars pctour ment by his prop inuēty d ry dle/By whych as ye se vnder a fond face of flatery he vseth towarde his prince and soueraynn lord (whose maieste both by the law of god & the dutye of hys allegyaunce he were hyghely bounden to reuerence) an open playn dyspyte and contumely.

¶ Now to thentent þ ye may yet farther parceyue and se þ they by the dystruccyon of the clergy/meane the clere abolycyon of Crystys fayth:yt may lyke you to conferre and compare to gether.ii. placys of hys beggars byll. In one place after that he hath heped vp to gether all hys lyes agaynst the hole clergy/& therto adioyned hys greuouse exclamacyon:Oh þ greuouse shyp wrak of the comē weale:he sayth that in auncyent tyme before the commyng of the clergy/there were but few pore people & yet they dyd not beg/But there was gyuen them þ nogh vnasked/because at þ tyme he sayth there was no clergy (whō he calleth alway rauenouse wolues)to ask yt fro thē:and thys sayth he appereth in þ boke of the actys of þ apostles. In this place we let passe hys threfold foly.One that he wold by that there were no beggars in one place/proue therby that there were none in all þ worlde besyde.For as he for lakke of wyt and vnderstandyng mystaketh the booke/he weneth that there were none that beggyd in Oyerusalem. Whych

Whych yf yt were trew/yet myghte there be ynow in other placys.
A nother of hys folyes is in that he alledgeth a boke for hym that no
thyng proueth hys purpose.For in all that hole boke shall he neyther
fynde that there was at that tyme few pore peple/nor þ pore peple at
that tyme begged not.For of trouthe there were pore people and beg
gers/ydle people/and theues to/good plenty bothe then and all way
byfore/synnes almoste as longe as Nores flode/ and yet peraduen=
ture seuen yere afore that to.And so were there in dede in Jerusale
also amonge theym all/ tyll crystendome came in/and yet remayned
then amonge such peple there as tourned not to the fayth of Cryst.
The thyrde foly ys/he sayeth that boke for hym whyche in dede pre
ueth playne agaynst hym.For where he sayeth yt appereth there that
the clergy was not then come/we can not in þ worlde deuyse of what
people he speketh Paynyms/ Jewes/or crysten men. If he meane
amonge Paynyms/ hys foly and hys falsehed both ys to euydent.
For who knoweth not that amonge the Paynyms they had alway
theyr preestys/whose lyuynge was well and plentuously prouyded
for/as ye may perceyue not onely by many other storyes/but also by
many places in the byble/and specyally in the.xlvii.chapter of gene
sys. If he speke of the Jewes/euery man woteth well that they had
a clergy thousandes of yeres byfore the boke that he alledgeth/ theyr
lyuynge farre more largely prouyded for/then eny parte of þ people
bysyde/and that by goddys awne ordynaunce. Now yf he speke of þ
crysten people that was at that tyme in Jerusalem where þ sayeth
bygganne/hys boke maketh sore agaynst hym.For there was a clergy
as sone as there was eny chrysten peple.For the clergy bygganne the.
And that clergye had not a parte of the crysten peples substaunce/but
had yt all to gether/anh dyd dystrybute yt as they sawe nede/Whych
no man doubteth but that the partyes shewed theym/ or ellys in some
nedys they must nedys haue laked.So that here were many pore men
yf they be pore that haue naught left/ all they beggers/yf they be
beggers that be fayne to shew theyr nede and aske/ and þ clergy had
all to gyther.And yet sayeth this wyse man thys boke for hym/beyng
suche as yf he shulde haue syttē and studyed therfore/ he could not
haue founden a boke that made more agaynst hym.

But as we sayed byfore/we shall lette hys false foly passe / and
praye you to cōsyder what he wold haue you byleue.He sayeth and
wold ye shuld wene that there were few pore folke/ and no beggers
no where byfore þ clergy of crystēdom cā in /but that all þ pouerte
beggary cā in to þ worlde wyth the crystē clergy.Now knoweth euery
man þ the crysten clergy the crysten fayth/cam in to the crysten peo
ple to gether/so that in effecte hys wordys way to thys þ all pouerte
and beggary came in to the worlde wyth the crysten fayth.

℞ Lette

¶ Sette nowe to thys place the tother place of hys in the ende and
conclusyon of hys boke/where he sayth that after the clergy spoylyd
onys and cast out/then shall the gospell be preched/ and then shall we
beggars haue ynough ʒ more: so lyke as in the tone place he sheweth
that all begary cam in wyth þ clergy þ brought in þ fayth/ so sheweth
he in the tother that there shuld wyth the clergy all beggary go forth
agayn/yf they were so clene cast out that Crystys gospell beyng cast
out wyth them/and the fayth whych cam in wyth them/ they myghte
haue that gospell prechyd as they say they shulde and as in dede they
shuld whych they call the gospell/that is to wit Luthers gospell and
Tyndallys testament/ prechynge the dystruccyon of Crystys very
fayth ʒ hys holy sacramentʒ/auauncyng ʒ settyng forth all boldenes
of synne ʒ wrechydnes/and vnder the false name of crystē fredome/
spurryng forward the dyuylysh vnbrydeled appetyte of lewd sedy-
cyouse and rebellyouse lyberte/that slew in one somer as we shewed
you before aboue .lx.M. of þ pore vplādysh Lutheranis in Almayn.
And thys ys all that these heretykys loke for as the frute of theyr se
dycyouse bokys and beggars byllys/trustyng by some such wayes to
be eased of theyr beggary/whych they now sustayn beyng ronne oute
of the realm for heresy. for yf they might (as they fayn wold) haue þ
clergy cast out/and Crystys gospell cast of/and theyr owne gospell
preched:thē hope they to fynde that word trew where he sayth: then
shall we haue ynough and more.

¶ for of all that euer he hath sayd/he hath not almost sayd one trew
word saue thys. And surely this word wold after theyr gospell onys
prechyd ʒ recepuyd be founden ouer trew. for then shuld the beggers/
nat such beggars as he semeth to speke for that be syk sore and lame/
but such bold presumptuouse beggars as he ys in dede/hole ʒ strong
in body but weke ʒ syk in soule/þ haue theyr bodys clene fro skabbys
and theyr soulys foule infect wyth vgly great pokkys ʒ leprye:these
beggars wold hope to haue ʒ except good men take good hede wolde
not fayle to haue ynough and a great deale more. for after that they
myght (the clergy furst dystroyd) bryng in onys after þ the prechyng
of Luthers gospell and Tyndals testament/ and myght wyth theyr
herysyes and fals fayth infect and corrupt the people/ causyng them
to set the blyssed sacramentʒ asyde/to set holy days and fastyng days
at nought/to contemne all good workys/to gest ʒ rayle agaynst holy
vowed castyte/ to blaspheme the olde holy fathers and doctours of
Crystys church/to mok and scorne the blyssed sayntys and martyrs þ
dyed for Crystys fayth/ to reiect and refuse þ fayth that those holy
martyrys lyued/and dyed for and in the stede of þ true fayth of cryst
contynued thys.xv.C. yeres/to take nowe the false fayth of a fond
frere/of olde condemnyd and of new reforgyd wythyn so few dayes
                                                                wyth

Wyth contempte of god and all good men/and obstynate rebellyouse
mynde agaynst all lawes rule and gouernaunce/wyth arrogante pre
sumpcyon to medle wyth euery mannys substaunce/wyth euery ma
nys lande/and euery mannys mater nothynge partaynynge to them:
yt ys we say no dowte/but that suche bolde presumptuouse beggers
wyll/yf ye loke not well to theyre handes/not fayle to haue as he wry
teth ynough and more to. For they shall gather to gyder at laste/and
assemble theym selfes in plumpes and in great rowtes/and from as=
kynge fall to the takynge of theyre almoyse theym selfe/and vnder
pretexte of reformacyon.(Berynge euery man that aught hath/in han
de that he hath to myche) shall assay to make newe dyuysyon of euery
mannys lande and substaunce : neuer ceacynge yf ye suffer theym/
tyll they make all beggers as they be theym selfe/and at laste bryng
all the realme to ruyne/and thys not wythout bochery and fowle blo
dy handys.

¶ And therfore this beggers proctour or rather the proctour of hell
shuld haue concluded hys supplycacyon not vnder the maner that he
hath done/that after the clergye caste owte/tha shall the gospell be
preched: then shall beggers and bawdys decreace: the shall pole folk
and theups be fewer : then shall the realme encreace in rychesse and
so forth. But he shuld haue sayed:After that the clergye ys thus de=
stroyed and caste owt/then shall Luthers gospell come in/then shall
Tyndalys testament be taken vp: The shall false heresyes be pre
ched:The shall y sacramentes be sett ate nought:The shall fastyng z
prayour be neglected:The shall holy sayntes be blasphemed: Then
shall almyghty god be dyspleased: Then shall he wythdrade hys
grace and sette all rune to ruyne : Then shall all vertue be hadde in
derysyon: Then shall all vyce reygne and runne forth vnbrydeled:
Then shall youth leue labour and all occupacyon: Then shall folk
waxe pole and fall to vnthryftynesse : Then shall horys and theups
beggers and bawdys encreace: The shall vnthryftys flok togyder
and swarme abowte and eche bere hym bolde of other: Then shall
all lawes be laughed to scorne: Then shall the seruauntes set nought
by theyre maysters/and vnruly people rebelle agaynst theyr rulers:
Then wyll ryse vp ryfyng and robbery/ murder and myscheyfe/z
playn insurreccyon/wherof what wold be thende or when you shuld
se yt/onely god knoweth. All whych myscheyfe may yet be wythsta
den easely and wyth goddes grace so shall yt/yf ye suffer no such bold
beggers to seduce you wyth sedycyouse byllys. But well percyuyng
that theyre malycyouse purpose ys to brynge you to destruccyon/ye
lyke good crysten people auoydyng theyre false traynes and grynnes/
geue none eare to theyre heynowse heresyes/nor walke theyr sedycy=
ouse wayes. But perseueryng in your olde fayth of cryste/and obser

f .ii. uyng

upng hys lawes wyth good and godly warkis and obedyece of your
moste gracyouse kyng and gouernour/ go forth in goodnesse and ver
tue/whereby ye can not fayle to flowre and prospere in rychos and
worldely substaunce: whyche well employed wyth helpe of goddys
grace abowte cherytable dedes to the nedy/ and the rather in remem
braūce and relyefe of vs/whose nede ys relyued by you charyte she
wed for our sake to your neyghboure/be able to purchace you myche
pardon of the bytter payn of thys paynfull place/ and bryng you to þ
ioyefull blysse/ to whyche god hath wyth hys blessyd blode bought
you and wyth hys holy sacramentys enseygned you. And thus wyll
we leue the mannys malycyouse foly/tedyng to the dystruccyō fyrst
of the clergye and after of your selfe/wheryn hys madde rekenynge
hath constrayned vs to trouble you with meny tryfles god wote full
vnmete for vs: and nowe wyll we tourne vs to the treatyng of that
one poynte/whyche thoughe yt specyally perteyneth to our selfe/ yet
mych more specyally pteyneth yt vnto you: þ ys to wytte the impug-
nacyon of that vncherytable heresye wher whyth he wolde make you
to other great harme and mych more your awne/byleue that we nede
none helpe and that there were no purgatory.

⁂ The ende of the
fyrst Boke.⁖

❡ The seconde boke.

When we cōsyder in our self dere brothern & systern
in our sauyour Cryste/þ present paynfull pangs þ
we fele/ & therwyth ponder vppō the tother parte/
þ parylouse estate of you þ at our frendys there ly-
uyng in þ wrechyd world: wyt you very surely that
thys pensyfe oppynyō begō agaynst purgatory/not
so mych greupth vs for þ lak þ we shuld fynde therby in þ relyefe of
our own intollerable tormētt/as doth for the loue þ we bere you/ the
fere & heupnes þ we take for þ parell & ieopardy þ shuld euerlystyng
ly fall to youre awne sowlys therby. Nor of all the heup tydyngys þ
euer we hard here/was there neuer none so sore smote vs to þ hart/
as to here the worlde wax so faynt in the fayth of Criste/that eny mā
shulde

shulde nede nowe to proue purgatory to crysten men/or that any man
could be founden/Whych wold in so great a thyng so fully and fastly
beleued for an vndowted artycle thys .xv. C. yere/begynne now to
staggar and stand in dowt/for the vnwyse wordys of eny such malys=
cpouse parson/as ys he y made the Beggars supplicacyon. For whose
answere a full confutacyon yt semeth vs suffycyēt/ that ye may clere
parceyue hys wordys to be of lytle weyght/whyle ye se that the mā
hath nepther lernyng/wysdome nor good entent: But all hys ys vt=
terly groūded vppō errour/ euyll wyll a vntrouth . And surely thys
were to vs greate wonder yf crysten men shuldē nede eny other pfe
in thys worlö to reproue such sedycpouse folk wythall/thē the onely
tokē of the dyuels badge whych theym selfe bere euer about thē: the
badge we mene of malyce and of a very dedely dyuelyshe hate.

℄ For where as oure sauyoure Cryste hathe so lefte loue a charyte
for the badge of his crysten people/that he cōmaundeth euery man so
largely to loue other/ that hys loue shold extend and strech vnto hys
enmy/ nor there ys no naturall man nether Paynym/ Jew/Turk
nor Saracene/but he wyll rather spare his foo than hurt his frende:
thys kynde of folk ys so farre fallen not onely from all crysten cha=
ryte but also from all humanite and felyng of eny good effeccyon na
turall/and so chaūgede into a wylde fyerce cruell appetyte more thā
brutysh and bestyall/that they furste wythout grounde or cause take
theyre frēdys for theyre foes/hatynge the churche dedely because yt
wylleth theyr weale and laboureth to amend thē: and after to do the
chirch hurt whō they take for theyr ēmyes/they labour to do vs mich
more hurt whom they call styll for theyr frendys. For they to get pul
led from the clergy the frayle cōmodytees of a lytle worldy spuyng/
labour to haue vs theyr fathers/ theyr mothers/theyr frendẏ and all
theyr kynne left lyeng in thy fyre here helplesse a forgottē/ they lytle
force how long. And in thys they shew theyr affeccyon mych more vn
naturall a abomynable/thā he y wold wyth his swerd thrust his frēd
thorow the hole body to the hard haft/to gyue hys enmy behynd hym
a lytle pryk with the poynt. Thys ways of theyrs were very noght
a detestable/although they truly ment in dede/ as mych good as they
falsly pretēd. For where as they cloke theyr cruell purpose a intēt/vn
der colour of a gret zele toward y comen welth/ which they say to be
sore ēpayryd by gret pōp a inordynate lyuyng vsed in y church: we be
so farre fro the mynde of defēding eny such spyrytuall vyce/ carnall
vnclēnes/or worldly pomp a vanyte vsed in y clergy/y we wold to
god yt were mych lesse thā yt is/not in thē only but also in y tēporalte.
And there is none of nether sort but yf he were here with vs but one
half houre/he wold set lytle by all such worldly vanitees all his life
after/ a lytle wold he force or rek whether he ware sylk or sak cloth.

℄ .iii. ℄ But

¶But surely thys man yf he ment well:the fautys of yuell folk he
wold say to them self/& not vnto þ hole clergy.He wold also labour
for amendment & betteryng/not for dystruccyon & vndoyng fynally.
He wold hold hym self wythyn hys boūdes/onely deuysyng agaynst
mennys vyces/& not start owt therwith in to playn & open heresyes.
But surely so hath yt euer hetherto puyd/that neuer was there any
that shewed hym self an enmy to the church/but though he couered it
neuer so close for the whyle/yet at the last alway he proued hym self
in some parte of hys workes so very an enmy to the catholyk faythe of
Cryste/that men myght well parceyue that hys malyce towarde the
clergy grew furst & sprang of infydelyte & lak of ryghte belyefe.
And of thys poynt was there neuer a clerer ensample than thys beg
gars proctour: whych was so farforth farsed/stuffed & swollen with
such venamouse heresys/that albe yt he longed sore to kepe them in
for the season/ and onely to rayle aganst the clergy & hyde hys enmy
ouse intent toward the fayth:yet was he not able to cōteyn and hold/
but was fayn for brastyng to puffe out one blast of his poysonyd sect
agaynst vs self so wyse:þ goodnes of god dryuyng hym to þ dysclo=
syng and dyscoueryng of hys malycyouse heresy/to thētent ye shuld
therby parceyue out of what vngracyouse groūd hys enmyte sprang
that he bare agaynste the churche . Whyche thyngys ones parcepuyd
and consyd ryd: muste nedys mynyshe and byreue hym hys credence
among all such as ar not affeccyonate toward hys errours and infect
and venomed wyth hys mortall heresyes/and of suche folk we trust
he shall fynde very few.
¶For surely not onely among crysten peple and Jewys/of whome
the tone hath/the tother hath had/the perceyuyng and syght of fayth/
but also amonge the very myscreaunt and ydolaters Turkys/Ha=
racens/and Paynyms / excepte onely suche as haue so farre fallen
from the nature of man in to a brutyshe bestely psuasyon as to byleue
þ soule & body dye both at onys:eylys hath allwaye þ remanaunt co=
menly thought & byleued/þ after the bodyes dede and deceaced/the
soulys of such as were neyther dedely dāpned wreches for euer/nor
on the tother syde/so good but that theyre offences done in this world
hath deserued more punyshement thā they had suffred and sustayned
there/were punyshed and pourged by payn after þ deth ere euer they
were admytted vnto theyre welth and reste.
¶Thys fayth hath allwey not onely faythfull peple had : but also
as we say very myscreauntys and ydolaters haue euer had a certayne
oppynyon and persuasyon of þ same: whyther that of the fyrste syght
and reuelacyon gyuen of suche thyngys to our formar fathers/there
hath allway remayned a glymeryng that hath gone forth fro mā to
man/fro one generacyon to a nother/ and so contynued and kepte a=
monge

monge all peple: oz ellys that nature and reason haue tought men e=
uery where to percepue yt. Foz surely that they haue such bylefe not
onely by such as haue bene trauayled in many cuntrees among sõdzy
sectys/but also by þ olde and auncyent wzyters that haue bene amõg
theym: we maye well ꝙ euydently percepue. And in good fayth yf
neuer had there bene reuelacyõ gyuen therof/noz other syght thẽ rea
son:yet pzesupposed the immortalyte of manys soule whych no reso
nable man dystrusted/and therto agreed the ryghtuousenes of god ꝙ
hys goodnes whyche scant the deuyll hym selfe denyeth/ purgatozy
must nedꝭ appere: foz syth that god of hys ryghtuousnesse wyll not
leue synne vnpunysſhed/ noz hys goodnes wyll perpetually punysſh
the fawt after þ manys conuersyon: yt foloweth that þ puny shemẽt
shall be tempozall. And now syth the mã often dyeth byfoze suche pu
nysſhement had/eyther at goddys hand by some afflyccyon sent hym
oz at hys awne by due penaunce done/whych þ moste parte of people
wantonely doth foz slouth: a very chylde almost may se the cõsequẽt
þ the punysſhemẽt at þ deth remaynyng due ꝙ vndone/ys to be endu=
red ꝙ sustayned after. Whych/syth hys maiestye ys so excellẽt whom
we haue offended/can not of ryght ꝙ iustyce be but heuy and soze.

❡Now yf they wolde peraduenture as in magnyfyenge of goddys
hygh goodnes saye/that after a mannys conuersyon onys to god a=
gayn/not onely all hys synne ys fozgyuen but all the hole payn also/
oz that they wyll vnder colour of enhaũcing the merite and goodnes
of Cryst[ꝭ] passyon tell vs þ hys payn suffred foz vs/stãdeth in stede
of all our payn ꝙ penaunce/so that neyther purgatozy can haue place
noz eny penaũce nede to be done by our self foz our own synne: these
folk that so shall say/shall vnder pzetext of magnyfyẽg hys marcy/
not onely soze mynysſhe his vertewe of iustyce/but also mych hinder
the opynyon and parsuasyon that mẽ haue of hys goodnes. Foz albe
yt þ god of his great marcy may foztħwith fozgyue some folke frely
theyz synne and payn both wythout pzeiudyce of hys ryghtuousneꝭ/
eyther of hys lyberall boũte oz foz some respect had vnto the feruẽt
sozowfull harte that fere and loue wyth helpe of specyall grace haue
bzought into the penytente at the tyme of his retozne to god/ and also
that the bytter passyon of our sauyour besyde the remyssyon of the p=
petuyte of our payn do also lessen our purgatozy and stãnd vs here in
marueylouse hygh stede:yet yf he shuld vse thys poynt foz a generall
rule/that at euery conuersyon fro synne wyth purpose of amendemẽt
and recourse to cõfessyon/he shall foztħwyth fully fozgyue wythout
the partyes payn oz eny other recompence foz the synnys commyttyd
saue onely Crystys passyon payd for thẽ all: then shuld he gyue gret
occasyon of lyghtnes and bold cozage to synne.

❡Foz when mẽ were onys parsuadeð that be theyz synnys neuer so
soze

fore/neuer so many/neuer so myscheuouse/neuer lōg so cōtynued/
yet thay shall neuer bere payn therfore: but by theyr onely fayth and
theyr Baptysm wyth a short returne agayn to god/shall haue all theyr
synne & payn also clene forgeuen and forgotte/nothyng els but onely
to cry hym mercy as one woman wold þ tredyth on a nothers trayne:
thys way wolde as we sayd gyue the worlde great occasyō & corage
not onely to fall boldly to synne and wrechednes/but also carelesse to
contynew therin/presumyng vppon that thyng that suche heretykes
haue parsuaded vnto some mē all redy/that.iii.or.iiii. wordys ere they
dye shall suffycyently serue them to bringe them strayghte to heuen.
Where as besydys the fere that they shulde haue lest they shall lak at
last the grace to turne at all/and so for faut of those.iii.or.iiii. wordys
fall to the fyre of hell:yf they beleue therwyth the thyng þ trewth is
bysyde/that ys to wyt that though they happe to haue the grace to re
pent & be forgeuen the synne & so to be delyueryd of the endlesse payn
of hell/yet they shall not so frely be delyuered of purgatory/but that
besyde the generall relyefe of Crystys hole passyon extended vnto
euery man not after the value therof but after the stynt and rate ap
poyntyd by goddis wysdom/great and long payn abydyth them here
amonge vs/wherof theyre wyllyngly taken penaunce in the world/
& afflyccyon there put vnto them by god/& there pacyently borne and
suffred wyth other good dedys there in theyr lyfe done by theym/&
fynally the merytes and prayours of other good folkys for thē/ may
mynyshe and abbredge the payne/whyche wyll ells hold them here
wyth vs in fyre and turmentys intollerable onely god knowyth how
long:thys thyng we say as yt ys trew in dede/so yf the world well &
fyrmely for a sure trewth beleue yt/can not fayle to be to many folke
a good brydle and a sharpe bytte to refrayne theym from synne. And
on þ tother syde þ cōtrary belyefe wolde sende many folke forward
to synne/& therby in stede of purgatory in to euerlastynge payne.

℄ And therfore ys thys place of our temporall payne of purgatory
not onely cōsonaunt vnto hys ryghtuouse iustyce/but also the thyng
that hyghly declareth hys greate mercy and goodnes/not onely for
that the payn therof hough and sore ys yt/ys yet lesse then owr synne
deserueth:but also moste especyally in that by the fere of payn to be
suffred and sustepned here/hys goodnes refrayneth men from the
boldenes of synne and neclygence of penaunce/& therby kepeth and
preserueth theym from payne euerlastynge:where as the lyght for
geuenes of all to gether/wold geue occasyon by boldenes of synne
and presumpsyon of easy remyssyon/myche people to runne downe
hedlynge thyther.And therfore were as we sayed that way very far
cōtrary not one þ to goddys iustyce & ryghtuousenes/but also to hys
goodnesse & mercy. Wheruppō as we sayd byfore it must nedys folow
that

that syth the payne ys all way due to synne/ and is not all waye clene
forgeuen wythout couenyent penaunce done oz other recompence made/
nor payne ys not all wey done/nor eny recompence made in the mans
lyfe/and yet the man dyscharged of hell by hys couersyon: all ý payn
ý remayneth muste nedys be sustayned here wyth vs in purgatozy.

¶But nowe yf these heretyques as they be very selfe wylled and
wyllefull/ wyll sette at nought the comen oppynyon and beleyfe and
persuasyon of almoste all the world : and as they be very vnresona
ble make lyttel force of reason and euer aske for scripture/as though
they beleued holy scrypture/and yet when yt maketh agaynst them/
they then wyth false and fonde glosys of theyre owne makynge / do
but mok and shyfte ouer in suche a tryflynge maner that yt may well
appere they byleue not scripture neyther:yet syth they make as they
byleued scripture ꝗ nothyng els/let vs therfore se whether that pur
gatozy do not appere opened and reueled vnto crysten people in holy
scrypture selfe.

¶And fyrste yt semeth very probable and lykely/that ý good kyng
Ezechias for none other cause wepte at the warnyng of hys deth ge
uen hym by the pphete/But onely for the fere of purgatozy. for albe
yt that dyuers doctours alledge dyuers causes of hys heuynes and
lothenes at that tyme to dept and dye :yet semeth there none so lykly
as the cause that auncyent doctours alledge/that ys to wyt ý he was
lothe to dye for the fere of hys estate after hys deth/ for as mych as
he had offendyd god by ouermych lykyng of hym self: wher wyth he
wyst ý god was dysplesyd wyth hym ꝗ gaue hym warnyng by the p
phete/that he shuld lyue no lenger. Now cōsyderyd he so the weyght
of hys offence/ý he thought and estemyd the onely losse of thys pre
sent lyfe farre vnder the iust ꝗ condygne ponyshmēt therof/and ther
fore fell in gret drede of farre sorer ponyshmēt after. But beyng as
he was a good faythfull kyng/ he coud not lak sure hope thorow hys
repentaunce of such forgyueues/as shold preserue hym fro hell. But
syth his time shuld be so shott ý he shuld haue no laysour to do penāce
for hys faut: he therfore fered ý the remaute of hys ryghtuouse po
nyshment shuld be parformyd in purgatozy. And therfore wept he tē
derly ꝗ longyd to lyue lenger/that hys satysfaccyon done there in the
world in prayour ꝗ other good vertuouse dedys/might abolish ꝗ were
out all the payn ý els were toward hym here among vs. To whych
hys feruēt boone ꝗ desyre at the cōtēplacyon of his penitēt hart/ our
lord of his hygh pyte cōdyscended ꝗ grauntyd hym the lengthyng of
hys lyfe for.xb.yerys/makyng hym for his farther cōfort sure therof
by ý shew of a manyfest myracle. But wherto grauntyd our lord ý lē
ger lyfe/ to be bestowed vppō worldy delite and pleasure? Nay nay
verely. But to thentēt yt myght appere that it was of goddys great

G   marcy

mercy grauntyd for the redemyng of his purgatory by good workys
for hys satysfaccyon: he was praysed by the prophete not onely ꝑ he
shuld wythin .iii. dayes be recouered and hole / but also that he shuld go
in to the temple to pray. So that yt may therby appere for what end
and entent he longed so sore for a lenger lyfe.

¶ Now yf the beggars proctour or Tyndale or Luther eyther / lyst
to say ꝑ in thys poynt we do but gesse at that good kyngs mynde / and
therfore purgatory therby rather su what resoned thā well ꝗ surely
proup̄d: therto may we well answer and say / that the cyrcumstaunce
of the mater consyderyd / wyth the vertuouse holynes and connyng of
such as so longe ago haue taken the scrypture thus: ꝑ place alone is a
farr better profe for purgatory / thā euer eny of thē coud hetherto say
agaynst yt yet. for albeyt thys beggars proctour sayth ꝑ ryght wyse
ꝗ connynge mē wyll say ꝑ there ys no purgatory at all / by which wyse
men he menyth Luther and Tyndall ꝗ him self: yet was there neuer
any of thepm all that yet sayed anye substancyall thynge eyther rea=
son or authoryte for thepm / but onely gesse and rayle / and saye that
purgatory ys a thyng of the popes owne makynge / and that soulys do
nothyng tyll domis day but lye styll and slepe. And thus tellyng such
wyse talys for theyre owne parte / and makyng mokkys and mowes
at euery thyng that maketh agaynst theyr foly for our parte: they go
forth in theyre euyll wyll and obstynacy / and with murmur ꝗ grudge
of theyre owne conscyence / content thepm selfe wyth ꝑ onely fedyng of
theyre malycyouse myndis by the encreace of theyre faccyon / of such
as fall in to theyre felyshyppe rather of a lyght mynde and lewde plea
sure to take a parte / then of eny greate credence that they gyue vnto
thepm or greately force whyche way they byleue. for surely yf these
folke were resonable and indyfferent as yt ys not well possyble for
them to be / after that they refuse onys to byleue ꝑ catholyque church
ꝗ in ꝑ vnderstandyng of scripture lene onely to theyre owne wyttys /
but ellys as we say yf they could wyth an equall ꝗ indyfferent mynd
consyder and way what they here: they shulde sone se theyre heresye
reproued and purgatory surely cōfermed / not onely by probable rea
son taken of the scrypture as in ꝑ place that we rehersed you of Eze=
chyas / but also by playne and euydent textys.

3 ¶ for haue ye not the wordys of scrypture wryten in the boke of the
kyngys: Dominus deducit ad inferos et reducit: our lord bryngeth
folke downe in to hell and bryngeth thepm thense agayne? but they
ꝑ be in that hell where the dāpned soulys be: they be neuer delyuered
thense agayne. Wherfore yt appereth well that they whom god dely=
uereth and bryngeth thēse agayn / be in that part of hell that ys callyd
purgatory.

8 ¶ What say they to the wordys of the prophete zachary: Tu quoque

m

in saruine testamenti tui eduxisti vinctos tuos de lacu in quo non erat
aqua:Thou hast in the blode of thy testament brought out thy boun=
den pryfoners owte of the ppt or lake in whych there was no water.
In that they whom the prophete there speketh of were bounden/ we
may well percepue that they were in a pryson of punyshement. And
in that he calleth theym the pryfoners of god: yt ys eth to percepue
that he meaneth not eny that were take and empryfoned by eny other
than the dampned spyrytys the very gaolers of god. And in that he
sayth that there ys in that lake no water: we may well percepue that
he spake yt in descrypcyon of that drye ppt of fyre/where in there ys
no refreshyng:for as hote are we here as they are in hell. And what
heteys in the ppt where there lakketh water: our saupour hym selfe
declareth by the wordys of the ryche gloton speng in such a lake from
whense at syght of pore Lazarus in Abrahams bosom/he desyred
heuely to haue hym sent vnto hym wyth one droppe of water to re=
freshe hys tonge/that after all the delycates that yt had tasted in hys
lyfe/lay there the sore burnyng/& neuer set half so mych by twenty
tonne of wyne/as he set by one pore drop of water. So that as we
she we you/these wordys of þ pphete zachary. Thou haste brought
owte thy bounde presoners owte of the lake where in ys no water:do
ryght well appere to be spoke of these pore empresoned sowlys whom
cryst after hys bytter passyon by hys precyouse blode wherwyth he
consecrated hys church in hys newe testament/ delyuered owt of the
lake of fyre wherin they lay bounde for theyre synnys.But nowe ys
there no man þ dowteth whyther cryste delyuered the dampned sowlis
owt of hell or not.for in þ hell ys there no redempcyon/& in limbo pa
trum the sowlys were in reste.Wherfore it appereth clerely that tho=
se psoners whom he brought owte of theyre payne/he brought onely
owte of purgatory:And so se these heretyques purgatory clerly pro=
ued by the playn wordys of thys holy prophete.

¶Another place ys there also in the olde testament that putteh pur
gatory qupte owt of questyon. For what ys playnner then the place
whych in the boke of the Machabees make mencyon/ of the deuowt
remembrauce prayoure/almoyse/& sacryfyce/to be done for sowlys
when the good and holy man Judas Machabeus gathered money a=
mong the peple to by sacryfyce wythall to be offred vp for þ sowlys
of theym that were dede in the bataple.Doth not thys place of scryp
ture so openly declare the nede that we sowlys haue in purgatorye/&
the relyefe that we fynd by the prayour and suffragys of good peple
vppon erthe/ that all the heretyques that barke so faste agaynst vs/
can fynd neyther glose nor colour to the contrary

¶What shyfte fynde they here:surely a very shamelesse shyfte/and
are fayne to take theym to that takelynge that ys theyre shote anker
G.ii.   allway

all way / when they fynde the storme so great that they se theyr shyp
goth all to wrekk. For first they vse to set some false glose to the text
that ys layed agaynst theym / and deny the ryght sense.

¶ But now yf the texte be so playne that they can haue no suche co-
lour: then when they can haue no more holde but se that theyre parte
goth all to naught / they fall to a shamelesse boldnes & set no to deny
the scrypture and all / & say þ hole scrypture whych ys layd agaynste
them ys none holy scrypture at all / as Luther playth wyth the godly
epystle of Crystys blyssed apostle saynt Jamys. And euyn the same
do those heretykys wyth the authoryte of this holy boke of Machabe-
es: they be not ashamed to say that yt ys not scrypture. But vppon
what grownd do they deny yt for scrypture / because yt is not founde
and accompted for holy scrypture among þ Jewys? They neyther
do nor can deny but that yt ys taken for holy scripture by the churche
of Cryste. For yf they wold denye / that both the hole chyrche bereth
wytnes agaynst them at this day / & it also appereth playnly by saynt
Hyerome / saynt Austayn / & other old holy doctours / that the church
so toke yt also in theyr days & before: the wold we gladly wit of these
new men these enmyes we mean of ours / whyther the chyrch of crist
be not of as great authoryte and as mych to be beleuyd in the choyse
& eleccyo of holy scrypture as the Jewes. If they wyll say yes: the
answere they them self: for then ys the boke of the Machabees by þ
choyce of the chyrch proued holy scrypture though the Jewes neuer
accounted yt so. Now yf they wyll say no / and wyll contend that yt ca
not be accountyd holy scrypture though the chyrch of Cryste so take
take yt / But yf the Jewes so toke yt too: then go they nere to put out
saynt Jhans gospell out of scrypture too / for the Jewes neuer toke
yt for none. And surely yf they admyt for scripture that book that the
Jewes admytted / & deny that boke to be scrypture whych the church
of Cryste recepueth for scrypture: the do they say that the spyryte of
god was more effectually present and assystet vnto the synagoge of
the Jewys in the law of hys prophete Moyses / the vnto the church
of hys awne onely bygoten sonne in the law of crystys gospell.

¶ If they consyder well the boke of þ Machabeys / they shall fynd
suche thynge therin as maye geue theym good occasyon to put lyttell
dowte but that yt shuld be of great and vndenyable authoryte. For
they shall fynde there that the greate good and godly vaylyaunt capy
tayne of goddys people dyd instytute and ordayne the great feste of
the dedycacyon of the temple of Hierusale called festu enceniorū of
the annuall instytucyon / of whyche feste we rede no where ellys but
in þ boke of the Machabeys. And yet fynde we that feste euer after
contynued and had in honour vntyll crystys awne dayes / and our sa-
uyour hym selfe went to the celebracyon of that same feste / as appe-
ceth in

reth in the gospell of saynt Ihan. So that yt may well appere that ye
bokys of that noble hystory wherof remeaneth so noble a monument
and remembraunce/contynually kepte and reserued so longe after/
and honowred by crystes awne precyouse pson and testyfyed by hys
holy Euangelyste in the boke of hys holy gospell: can not be but vn=
dowted trewth and of dyuyne anthoryte.

¶And surely yf they deny ye boke of the Machabeys for holy scrip=
ture bycause the Iewys accompte yt not for suche: then shall they by
the same reason refuse.the authoryte of the boke of Sappence/ and
proue theym selfe insyppentys. And lyke wyse yf they take all scryp=
ture bysyde the newe testament to be of none other force and authory
te then yt ys accomptyd in the rule and canon of the Iewes: then
shall the hole psalter of Dauyd the very somme of clere and lyghte
some prophesyes/leese amonge theym greate parte of his authoryte/
syth yt ys not taken in lyke force and strenght among the Iewes as
yt ys in Crystys church.

¶Fynall for the boke of the Machabees/syth the church of Cryste
accounteth yt for holy scrypture: there can no man dout therof but he
that wyll take away all credence and authoryte from the hole scryp
ture of god the very gospellys and all. For yf these heretykys deny
for holy scrypture eny boke that the chyrche of Cryste accountes for
holy scrypture: then deny they one of the greltyst foundacyons of all
crystē fayth/and the thyng whych theyr master Marten Luther hym
self hath all redy confessed for trew. For he affyrmyth hym selfe that
god hath gyuen vnto the church of Cryste that gyfte/that the church
cannot fayle surely and certeynly to dyscerne betwene the wordys of
god and the wordys of men: ⁊ ye yt cannot be descepyd in the chopse
of holy scrypture and reiectyng of the contrary: so farforth that he cō
fessyth as he nedys must of necessyte/that the noble doctour and glo=
ryouse cōfessour saynt Austeyne sayth very well/when he sayd that
he shuld not haue beleupd the gospell but for ye authorite of ye church.
For he had not knowen whych had bene the very boke of the gospels
and whych not amōg so many as were wryten/but by the authoryte
of the church/whom the spyryte of god assysted as yt euer dothe and
euer shall/in the chopse and recepyng of holy scripture and reieccyō
of the coūterfete and false.Wherby yt apperyth clerely not onely by
that holy doctour saynt Austeyn/but also by the confessyon of ye arche
heretyke Luther hym selfe/that the church cannot be dyssepyrd in the
chopce of holy scrypture and reieccyon of the contrary: so farforthe ye
yt neyther can recepue as holy scrypture eny booke that ys none/nor
reiect for other then holy scrypture eny boke that is holy scrypture in
dede. And surely yf the churche myghte so be deceyuyd in the chopse
of holy scripture/that they myghte take ⁊ approue for holy scrypture

B.iii.   eny

eny boke that were none: then stode all crystendome in dout and vnsurety/whether saynt Jhāns gospell were holy scripture or not/and so forth of all the new testament.

¶And therfore syth as we haue shewed you by the heretykes owne confessyons/the church of Cryste cannot be deceyupd in the choyse & eleccyon of holy scrypture/by whyche theyre confessyon they muste nedys abyde and not flyt therfro/as they dayly do chaūge and vary from theyr owne wordes in many other thyngis/except that they wyll in the fallyng from that poynte refuse the stryghte and authoryte of the newe testament of cryste: and syth as your selfe well perceyueth also the churche of cryste recepueth and taketh and (as ye se by saynt Hyerome and other olde holy doctours thys thowsande yere) hath approued and fermely byleued the holy boke of the Machabeys to be one of the volumes of holy scrypture: and then in that boke ye se so manyfestely purgatory proued/that none heretyque as shamelesse as they be can yet for shame say the cōtrary/but are by the playn and open wordes of that holy boke so dreuen vp to þ hard wall/that they can no ferther but are fayne to say that the boke ys no parte of scrypture/whyche shyfte they must nedys forsake agayne or ellys reuoke theyre awne wordes and therwyth also thauthoryte of all crystꝭ gospell:there shall yf eyther reason or shame can holde / neuer nede eny ferther thyng for the profe of purgatory to stoppe þ mowthys of all the heretyques that are or shalbe to the worldys ende.

¶But yet syth they be so shamelesse and vnresonable that the thyng whyche they can in no wyse defende/they can not yet fynde in theyre prowde harte to gyue ouer/but when yt ys proupd by dyuers playne textis of þ olde testament/then hauyng no probable reason for theyre parte they neuer the more gyue place to trewth/ but stykke to theyre obstynate nay: let vs se whyther our purpose be not preued by good and substancyall authoryte in the newe testament also.

¶And fryste let vs consyder the wordys of the blessyd apostle and euāgelyst saynt Jhān/where he sayth: Est peccatū vsque ad mortē non dico vt pro eo roget quis. There ys sayth he some synne that ys vnto the deth/I bydde not that eny man shall praye for that. Thys synne as the interpreters agre/ys vnderstanden of desperacyon and impenytens: as though saynt Jhān wolde say/ þ who so depart owt of thys world impenitēt or in dispayre/eny prayour after made cā neuer stande hym in stede. Then appereth yt clerely that saynt Jhān meaneth that there be other whyche dye not in such case for whom he wolde men shuld pray/bycause þ prayour to suche sowlys may be profytable. But that profyte can no man take neyther beyng in heuen where yt nedeth not/nor beyng in hell where yt boteth not. Wherfore it appereth plaine þ such prayour helpeth onely for purgatory:whych
they

they muste therfore nedys graunte/excepte they deny saynt Jhān.

¶What saye they to the wordys of saynte Jhān in the fyrste chapp=
ter of the Apocalyps: J haue harde sayth he euery creature that ys
in heuen and vppon the perth and vnder the perthe and that be in the
see and all thyngys that be in them/all these haue J harde say: Bene=
dyccyon and honoure and glorye and power for euer/be to hym that
ys syttyng in the trone/and vnto the lamb.

¶Now wotteth euery man well/that in hell among damnyd soulys
ys there none that gyueth glory to Criste for the redempcyon of mā.
for they for anger that by theyr owne defaut they haue lost theyr pte
therof/and cannot for prowd hart take theyr faut to them self/fall to
blasphemy as the deuyll doth hym self/and impute theyr synne to the
faut of goddys grace/and theyr damnacyon to the blame of hys crea
cyō. So that the prayse and glory that ys geuen by creatures in hell
vnto the lamb for mannys redempcyon/ys onely by the soulys in
purgatory/that be and shalbe partyners of that redempcyon: as the
creaturys walkyng vpp on perth saylynge in the se/that gyue the ho
nour to Cryste for mannys redempcyon/be onely the crysten people
whyche loke and hope to be parteners therof/and not infydels that
beleue yt not. But the blessyd creaturis in heuen geue honour to Cri
ste for mannys redempcyon/for that ioy and pleasure that theyr cha
ryte taketh in the socyete and felyshyp of saued soules. And in thys
place yt ys a worlde to se the foly of some heretykys/what euaspon
they seke to voyd from thys place of scrypture. They sey that yt ys
no more to be vnderstanden by soulys here in purgatory nor crysten
men spuyng vppon erth/then by fyshes in the see and the dyuell and
damnyd soulys in hell: because the text sayth that euery creature in
the se and in hell spake that laud and honour to the lamb. But by this
wyse way myght they preue/that when ye pray for all crysten sow=
lys/ye mean to pray for our Ladyes souly and for Judas too: and
that our saupour when he sent hys apostles and bad them preche his
gospell to euery creature/thay may bere you in hand that he bad thē
preche to open and keene and theyr calups to/because all they be
creaturis. But as they were sente to none other creature/then suche
as he ment of thoughe he spake of all/nor ye meane to pray for no sou=
lys but such as haue nede and may haue help though ye speke of all:
so though saynt Jhān spake of euery creature in hell geuyng honour
to Cryste for mannys redempcyon/yet ment he but such as be in the
hell in whych they reioyce therin and shalbe parteners therof/whych
be onely we in purgatorye/and not the dyuels and damnyd soulys þ
blaspheme hym though theyr iust ponishmēte redownd agaynst theyr
wyll to the glory of goddys ryghtuousnes.

¶If all thys wyll not satysfye theym/wyll ye se yet a nother clere
place

place and suche as none heretyque can auoyde? Doth not the blessyd
apostle saynt Peter as appereth in ȳ secūd chapiter of ȳ apostles ac=
tṣ/say of our sauyour cryste in this wyse:Que deus suscitauit solu=
tis doloribus inferni: In these wordṣ he sheweth that paynys of hell
were losed. But these paynys were neyther paynys of that hell in
whych the dāpned sowlys be payned/whych nether were losed then
nor neuer be losed/but be and shalbe as oure sauyour sayth hym self
euerlastyng: nor these paynys ȳ were than losed were not ȳ paynys
in limbo patrum/for there were none to be losed/for the good soulys
were there as our sauyour sheweth hym selfe in quiete cumforte and
reste. And so appereth ȳt euydētly/that the paynys of hell that were
losed/were onely the paynys of purgatory whych ys also called hell
by occasyon of the latyn word and the greke worde both. For in these
tongys (for as mych as byfore the resurreccyon of our sauyour cryst
there was neuer none ȳ ascended vp in to heuen) there was no peple
that ony other wyse spake of sowlys/then that they were gone down
byneth in to the lowe place. And therfore in the wordys of the come
crede ys ȳt sayed of our sauyour cryste after hys passyon: descendit
ad inferna: that ys to say he descended downe byneth in to the lowe
placys. In stede of whyche low placys the englyshe tonge hath euer
vsed thys worde hell. And certayne ys ȳt and very sure/ that cryste
descended not in to all these low placys/nor in to euery place of hell/
but onely in to lymbus patrum and purgatory.Whych two placys be
cause they be partys of habytacyons of sowlys byneth (all whych ha
bytacyons byneth haue in englyshe bene allway called hell) therfore
are these two placys amonge other taken and comprehēded vnder ȳ
name of hell. Whych word hell nothynge ellys sygnyfyeth vnto vs
in hys generall sygnyfycacyon/but ȳ habytacyons of sowlys byneth
or vnder vs in ȳ low placys vnder ȳ groūd. Albe ȳt bycause limbus
patrum and purgatory be called in englyshe also by theyre specyall
namys besyde: therfore ys moste comenly thys word hell restayned
to the specyall sygnyfycacyon of that low place byneth in whych the
dāpned soulṣ be punyshed. Thys mych haue we shewed you of this
word hell/bycause we wold not that the comen takyng therof myght
bryng you in to eny errour. So that by thys place ye se preued by the
playne wordys of saynt Peter/ that cryste at hys resurreccyon dyd
lose and vnbynd paynys in hell/whych as we haue shewed you coud
be no where there but in purgatory. For in the speciall hell of damned
sowlys ȳ paynṣ were not losed.And in lymbus patrū was no paynṣ
to be losyd.And therfore except they denye saynt Peter/they cannot
denye purgatory.
℧And yet yfthey denye saynt Peter: we shall then alledge thē saynt
Poule/whom they be best content to here of because that of the dyf=
fyculte

frculte of his wrytyng/they cach sumtyme some mater of cõtencyon
for the deffēce of theyr false exposycyõ. Thys blyssed apostle in his
furst epystle to the Corynthyes the thyrd chapyter spekynge of oure
saupoure Cryste the very foundacyon and the onely foundacyon of
all our fayth ɇ saluacyon: sayth: If any man bylde vppon thys foun
dacyon gold/sylver/pcyouse stonys/wood/hay/or straw: euery mã=
nys work shalbe made opē/for the day of our lorde shall declare yt/
for in the fyre yt shalbe shewed/ɇ the fyre shall proue what maner of
thyng euery mãnys work ys. If any mãnys work ɣ he hath bylded
theron do abyde: he shall haue a reward. If eny mãnys work burne:
he shall suffer harme/but he shalbe safe/but yet as by fyre. In these
wordɇs ɣ apostle she with ɣ lyke wyse as sum mē abydyng vppõ cryste
ɇ hys very lyuely fayth/bylde vp theruppõ such good workɇs as are
so good ɇ so pure ɣ they be lyke fyne gold/fyne siluer/or such fyne ɣ
cyous stonys/as whē they be caste in the fyre yt cã fynde no fylth to
fech out of thē/and therfore they remayn in the fyre safe and vnmy
nysshed: so ar there sum on the tother syde/whych thogh they do not
as many other do/wyth mortall synnys ɇ lak of good workɇs/wound
theyr fayth vnto ɣ deth ɇ fall fro cryste the fundacyon that they must
byld vppon: yet do they abydyng vppõ ɣ fūdacyon/byld vp therup=
pon many such symple ɇ frayle and corruptyble workɇs as can neuer
enter heuē. And such be veniall synnys/as ydle wordys/vayne ɇ wã
ton myrth/ɇ such other thyngys lyke: whych be but lyke wood/hay/
or straw. Whych workɇs whē the soule after hys departyng out of the
world bryngeth hether into purgatory: he cãnot so gette thorow yt as
dothe the soule whose workɇs were wrought clene or fully purged by
penaūce ere he dyed. For ɣ soule in the fyre can fele no harm/lyke as
fyne gold can in ɣ fyre nothyng lese of hys weyght. But this soule ɣ
bryngeth wyth hym such frayle workys eyther wrought by thē self
or insertyd paduenture ɇ myxyd a myddys of sum good ɇ vertuouse
work/as for ɇxample sum lak paduēture suffyciēte attencyon ɇ hede
taken by sū sodayn waueryng of the mynde in tyme of prayoure/or
some surrepcyõ ɇ krepyng in of vayne glory ɇ lykyng of theyr owne
prayse in theyr psalmes geuē or other good dede done/not forthwith re
systed ɇ caste oute/but kepte and fedde vppon to longe/and yet ney=
ther so longe paraduenture nor so greate as oure lorde wyll for that
thought depryue hym the meryte and reward of hys work: so in such
casys as the apostle sayth the day of oure lorde whych ys to the hole
world the day of the generall iugement and to euery man particuler/
the day of hys owne iugement after hys dethe/shall shew hys work
what maner thynge yt ys: the fyre shall proue and declare. For here
in purgatory lyke as the fyre cã in the clene soulys take none holde/
but they shalbe theryn wythoute any maner payne or gryefe: so shall
D   yt in

yt in the soulys that are vnclensyd and haue theyr wurkys imperfyte
vnclene and spottyd: hastely catch/holde and kepe them fast & burne
them wyth incessaunt payn: tyll the fylthynes of theyre synne be clene
purged & gone/& þ shalbe in sum soner in sum later/as theyr synnys
or the spottys remaynyng therof be more easy or more hard to get out.
And þ ys the thyng þ Poule sygnyfyeth by þ wood/haye/& strawe
of whych the tone ys a lyght flame sone endede/þ tother smowdreth
mych lenger/and the thyrd ys hoteste and endureth lengeft. But yet
hath yt an ende/and so shall haue at lenght all the paynys of theym þ
shalbe purged here. But what so euer soule mysshappe to dy in dede-
ly synne and impenytent: syth he ys therby fallen of for euer frome
our sauyour cryste þ was hys fundacyon/& hath byelded vp wrecked
wurkys vppon your goostely enemy the deuyll/wherwhyth he hath
so thorowly poysened hym self/that he can neuer be purged: the fyre
shall therfore lye burnyng vppon hym for euer/and his payne neuer
lessed/nor hys fylthy spottys neuer the more mynysshed.

And for as mych as ye neuer can conceyue a very ryght imagyna
cyon of these thyngys whych ye neuer felte/nor yt ys not possyble to
fynde you eny example in the world very lyke vnto the paynys that
sely soulys fele when they be departed thense: we shall therfore put
you in remembraunce of one kynde of payne/whych though yt be no-
thynge lyke for the quantyte of the mater/yet may yt somwhat be re
sembled be reason of the fasyon and maner. If there were enbarked
many pepyle at onys to be by shyppe conuayed a long iourney by se of
such as neuer cam theron byfore/and shuld happe all the way to haue
the sees ryse hygh & sore wrought/and somtyme sone vppt a storme
to lye long after waloswyng at an anker: there shuld ye fynd dyuerse
fassyons of folke. Some peraduenture (but of theym very few) so
clene from all euyll humours and so well attempryd of theym selfe/
that they shalbe all that long vyage by see as lusty and as iocunde as
yf they were on lande. But farre the most parte shall ye se sore syk/
& yet in many sondry maner some more/some lesse/some lenger tyme
dyseased/and some myche soner amended. And dyuers that a whyle
had went they shulde haue dyed for payne/yet after one vompte or
twayne so clene rydde of theyre gryefe/that they neuer fele dyspleas
sure of yt after. And thys happeth after as the body ys more or lesse
dysposed in yt selfe therto. But then shall ye somtyme se there some
other whose body ys so incurably corrupted/that they shall waster &
tolter/and wryng theyre handys/and gnash the teeth/and theyr eyen
water/theyr hed ake/theyre body frete/theyr stomake wamble/and
all theyre body shyuer for payne/and yet shall neuer vomete at all:
or yf they vompte/yet shall they vompte styll and neuer fynde ease
therof. Lo thus fareth yt as a small thyng may be resembled to a great
by the

by the soulys deceaced and departed the World: that such as be clene
and vnspotted can in the fyre feele no dyseafe at all/and on the tother
syde such as come thense so dedely poysoned wyth synne/that theyre
spottys bene indelyble and theyre fylthynes vnpourgeable/lye fre=
tynge and fryenge in the fyre for euer. And onely suche as neyther be
fully clensed nor yet sore defyled but that the fyre may frete owt the
spottys of theyre synne: of thys sorte onely be we ꝥ here lye in purga
tory/Whych these cruell heretyques wolde make you byleue that we
fele none harme at all: Wherof the blessyd apostle as we haue shewed
you wryteth vnto the Corynthyes the cõtrary.

¶ Now yf they wolde bere you in hãde that bycause some doctours
do cõster those wordys of thappostle in dyuerse other senfys/as they
do conster in dyuerse senfys allmost euery texte in scrypture/some=
tyme after the letter/ somtyme morall and somtyme otherwyse/and
all to the profyte ꝗ edyfyeng of the herers: yf these heretyques wold
therfore pretend that saynt Poule in that place ment nothyng of pur
gatory/but the fyre that shalbe sent byfore the dome/or worldely try
bulacyon/or some suche other thynge: ye shall well vnderstand that
though hys wordys may be veryfyed and well and pfytably apply
ed vnto suche thyngys also/yet setteth that nothyng these wordys to
be pꝓrely by saynt Poule spokẽ of purgatory/no more thẽ yt setteth
these wordꝭ to be properly spokẽ by cryste: Ego in flagella paratus
sum: ꝗ many an other verse in ꝥ psalter also/ though ꝥ same wordys
may be well applyed ꝗ veryfyed of many an other mã offrynge hym
selfe pacyently to the sufferaunce of vniust punyshement. And ther
fore leste these heretyques shold wyth eny such inuencyons bygyle
you ꝗ make you beleue/ꝥ we for the furtheraũce of oure awne cause
expoune ꝥ apostles wordꝭ wrõg ꝗ so make theym seme to say for our
parte: ye shall vnderstande that those wordys haue bene expowned
and vnderstanden of purgatory thys thowsande yere and more by ꝥ
auncyent holy doctours of crystys churche aswell grekys as latyns.
And amõg other the great clerke Orygene in mo placys of hys wur
kys then one/declareth playnely that the afore remembred wordꝭ of
the apostle/are spokẽ by ꝥ paynis of purgatory. The holy cõfessour
and great pyller of crystys church saynt Austayne/ in dyuerse of hys
godly and erudite bokys/expowneth that place of saynt Poule to be
clerely spoken of purgatory. And ouer thys the blessyd Pope saynt
Gregory in the fourth boke of hys godly dyalogys/bereth wytnesse
that the apostle in the place aforesayd wrote those wordys of purga
tory. So that ye may playnely perceyue that thys exposycyon ys ney
ther our deuyce no eny newe founde fantesy/but a very tre̅wth well
perceyued and wytnessed by great conyng men ꝗ holy blessyd saynt
more then a thowsand yere ago.

D.ii.   ¶ Now

Now yf these heretyques wyll be so madde to flyt in thys case from saynt Poule/and say they be bounden to beleue nothyng: but onely þ gospell: let vs then yet see ferther whyther we may not playn ly proue you purgatory by þ very wordys of the gospell selfe. Doth not our blessed saupoure hym selfe say that there ys a certayne synne whych a man may so commyt agaynst the holy goste/þ yt shall neuer be remyttyd nor forgyuen neyther in thys worlde nor in the world to cum: Now as for to dyspute what maner synne that shuld be/both þ mater were very hard/and also we shall here nothing nede to touche yt. But of one thing both ye & we may make vs very sure/that there ys nor can be eny synne commytted in the world so sore/so greuouse/nor so abomynable/but that yf a man wurk wyth goddys grace by contry cyon and heuynes of hart/wyth humble confessyon of mouth & good endeuour of penaūce and satysfaccyon in dede/ agaynst hys thought word and dede by whych god was offended/he shall obtayn of goddys goodnes remyssyon/forgyuenes/and pardon.

But yt may paraduenture so befall that by sum kinde of vnkynd nes vsyd toward god extēdyng to the blasphemy of his holy spiryte/the commytter of þ synne may so farr offend/that he shall for hys de sert & demeryte haue þ grace of almyghty god so clerely wythdrawn from hym/that our lorde shall neuer offer hys grace after/nor neuer more call vppon hym. And then hys grace onys clerely wythdrawen from a man: he can neuer be able to repent and returne agayn to god. for grace ys þ lyght wherwyth men se þ way to walk out of synne: and grace ys the staf wythout help wherof no man is able to ryse out of synne: accordyng to the wordys of holy wrytt spoken to man in the parson of our lord god: Ex te perditio tua/ ex me saluatio tua: Thy perdycyon cūmeth of thy self/ But thy saluacyon cummeth of me by þ ayd and help of my grace. Which grace as we tell you beyng fro sum man vtterly wythdrawen for sum maner vnkynd behauour towarde god and blasphemy agaynst the holy goste/that synne for lak of repē taunce whych can neuer cum where grace ys clene gone/ shall neuer be forgeuen in thys world nor in þ world to cū. And in such a maner kynde of vnkyndenes towarde god and blasphemy towarde the holy goste/fall also all such wretchys as haue þ grace of god euer callyng & knokkyng vppon thē for repentaūce all the dayes of theyr lyfe: and yet all that not wythstandynge wyll not vse yt nor worke therewyth nor turne to god: but wyllyngly wyll dye desperate and impenytente wretchys.

Thys kynde of blasphemers of goddys goodnes & hys holy spy ryte/haue in þ myserable passyng of theyr synfull soule out of theyr sensuall bodys the grace of god so fully and so fynally wythdrawen from thepm for euer: that they be thereby fyxed and confyrmed in an
vnchaun

vnchaungeable malyce/whyche eternally dwellyng wyth theym/is
the very specyall cause of theyre euerlastynge turment. But in thys
mater as we sayed we wade owte of our purpose/sauynge that yt se
med vs yet necessary/syth our sauyour in the place that we speke of
doth hym selfe shew that there ys a certayne synne so towchynge the
holy gooste that it shall neuer by forgyuen neyther in thys world nor
in the world to come: yt semed as we say somewhat necessary to saye
sumwhat theryn/leste sum that rede yt myght conceyue a wrong opy
nion and a false fere drawyng theym towarde dyspayre/that yf they
myshappenyd (whych our lorde forbede) to fall in to blasphemy a
gaynst the holy gooste/they coud neuer after be forgeuen how sore
so euer they repentyd / or how hartely and how bysely so euer they
shuld pray therfore. In whyche thynge syth we haue shewed you
what we take for trouth: we shall leue that mater and shew you how
those wordys of Cryste proue you our pryncypall purpose/that ys
to say that there ys a purgatory. How be yt we shall scantly nede
to shew you that: for the very wordys be playn and euydent of them
self. For when our lorde sayth that the blasphemy agaynste the holy
goste shall not by forgeuen nether in thys world nor in the worlde to
come/he geueth vs clere knowlege that of other synnys sum shalbe
forgeuen in thys world and sum in the world to come.

¶Now ar there in this world euery synne forgeuen in such as shall
be saued sowles/ except such venyall synnys and such temporall payn
as yet due to the dedely synnys/rest and remayn to be purged here
in purgatory. For none other place ys there then thys in the worlde
to cum after mannys lyfe / in whych eyther synne or payne dew to
eny synne shalbe remitted. For in to heuen shall neyther synne nor payn
enter: and in hell shall neuer none be releasyd. And therfore when
Cryste by shewynge that sum kynde of synne shall not be remyttyd
in the worlde to cum: doth geue men knowlege that on the tother
syde sum synnys shall in the worlde to come be remytted and forge
uen. And then syth no man douteth but that neyther in hell shall eny
synnys by forgeuen nor in heuen: very reson techyth that the place
in whych some synnys shalbe forgeuen after thys lyfe / can be none
other but purgatory.

¶There is as we suppose no cryste man lyuyng/but he wyll thynk
that eny one place of holye scrypture ys ynoughe to the profe of eny
trouthe. Now haue we proupd you purgatory by the playne textis of
mo places tha one two or thre. And yet shall we geue you a nother so
playn as we suppose & so euydent for the profe of purgatory/as none
heretyke shall fynde eny good coloure of escape. For oure sauyoure
Cryste sayeth as yt ys rehersyd in the.xii.chappter of Mathew/that
men shall yelde a rekenyng of euery ydle word/and that shalbe after

D.iii.   thys

thys present lyfe. ¶Then woteth euery man that by that rekenyng ye
vnderstanden a punyshement therfore: whyche shall not be in hell/ z
mych lesse in heuen. And therfore can yt be no where ellys but in pur
gatory.

¶Lo thus may ye se purgatory clerely proued by the very scripture
self/ by the boke of the kyngs/ by y ꝓphete zachary/ by the holy boke
of y Machabees/ by y wordes of saynt Ihān/ by thapostle saynt Pe
ter/ by the wrytyng of our sauyour cryst hym self: so y we not a lytell
meruayle eyther of the ignoraunce or shamelesse boldnes of all suche
as hauynge eny lernynge/ dare call theym selfe crysten men and yet
deny purgatory. For yf they haue lernynge z percepue not these clere
z open textes/ we meruayle of theyre ignoraunce. Wyth whych whyle
they ioyne a prowde pretence of lernynge/ they fall in to the reprofe
y saynt Poule spake of the paynym phylosophers: dicentes se esse sa
pientes/ stulti facti sunt: whyle they called theym selfe wyse they pro
ued starke folys. Now yf they percepue well these textes of holy
scrypture so playnely prouyng purgatory/ and yet them selfe syghke
styf in the denyeng: we then meruayle mych more that they dare for
shame call theym selfe crysten men/ and then deny the thynge whych
the blessyd apostles of cryste/ y sacred maiestye of our sauyour cryst
hym selfe/ in the holy scrypture/ in hys holy gospellys/ so manefeste
ly and so playnele affyrmeth.

¶And yet many an other playne texte ys there in holy scrypture/ y
as the olde holy doctours bere wytnesse well proueth our purpose for
purgatory/ whych we speke here nothyng of / syth fewer textes thē
we haue all redy shewed you/ both myght and ought to suffyce you.
For eny one playne texte of scrypture suffyseth for the profe of eny
trouth/ excepte eny man be of the mynde/ that he wyll haue god tell
hys tale twyse ere he byleue hym.

¶Now yf these heretyques fall to theyr accustumed frowardnesse
and as they be wont to do wyll rather deny that the swāne ys whyte
and the crow blakke/ then agre that eny texte in holy scrypture hath
eny other sense then theym selfe lyste to say/ and wyll in thys poynte
for the meyntenaunce of theyre heresye set at nought saynt Austayn/
saynt Hyerome/ saynt Ambrose/ saynt Gregory/ saynt Chrysoste-
me/ saynt Basyle/ saynt Cypryane/ and fynally all the olde holy fa
thers and blessyd sayntys that eny thynge say agaynst theym: yet can
they neyther deny that the catholyque churche of cryste hath all waye
bylued purgatory/ condempnyng for heretyques all suche as wolde
holde the contrary. Nor yf they graunt that: can they then by eny ma
ner meane auoyde yt/ but that the thynge ys trew that all the churche
so full and hole so lōge hath in suche wyse bylued/ all though there
were not founden in all holy scrypture one texte y so playnely ꝓued

yt:

pt:as they myght fynde many that semed to saye the contrary/except they wyll not onely say that our blessyd lady lost her Vyrginite after the byrth of cryst/but ouer þ be dreue ferther to mynysshe the streght and authoryte of the very gospell self:Whych yf the church may erre in the ryght fayth/had clerely lost hys credence.

℧And therfore as we say/where as we by playn scripture haue proupd you purgatory:yet yf there were theryn not one text þ eny thyng semed to say for yt/But dyuerse and many textys whyche as farre semed vnto the mysse vnderstanders to speke agaynste purgatory/as many dyuerse textys of þ gospell appered vnto the greate heretyque Eeundius to speke agaynst the perpetuall Vyrgynyte of crystys blessyd mother: yet syth the catholyque churche of cryste hath allway so fermely byleued yt for a playne trowthe/that they haue allway take the obstynate affermers of þ contrary for playne erronyouse heretyques/yt ys a profe full and suffycyent for purgatory to eny man that wyll be taken for a member of crystys church/and ys alone a thyng suffycyent in eny good crysten audyece to stoppe the mowthys of all the prowde hygh harted malycyouse heretykys/that eny thynge wold barke agaynst vs.

℧But when they be so confuted and concluded/that they haue nothyng to say:yet cā they not hold theyre peace/but fall to blasphemy and aske why there cometh none of vs owte of purgatory and speke wyth theym. By whyche blasphemouse questyon they may as well deny hell and heuen to/as they deny purgatory. For there cometh as many to them owt of purgatory/as owt of ether of the other twayn. And surely yf there came one owte of eny of theym all thre/vnto folke of suche incredulyte as those heretyque be: yet wolde they be neuer the better. For yf they byleue not now them whome they shuld byleue/no more wold they byleue hym neyther that shold come owte of purgatory to tell yt them: as Abraam answered the ryche man that requyred the same in hell/and as yt well appered also by the myscreaunte Jewys whych were so lyttell amended by the comynge agayn of Lazare owte of lymbus patrum/that leste other shold byleue hym they deuysed to destroye hym. And yet yf the thyng that they requyre wold contēt theym: yt hath not lakked. For there hath in euery cōtrey and in euery age apparycyons bene had and well knowen and testyfyed/by whyche men haue had suffycyent reuelacyon and profe of purgatory/excepte suche as lyste not to byleue theym: ʒ they be such as wolde be neuer the better yf they saw theym.

℧For who so lysteth to beleue that all to gether ys lyes that he hereth so mych people speke of ʒ seeth so many good men wryte of: for no cūtrey ys there in crystēdome in whych he shall not here credably reported of such apparycyōs dyuers tymys there sene ʒ apperyng/

and

and in the bokis of many an holy faynt's wrytyng/shall he fynde such apparycyons in such wyse told and testyfyed/as no good mã coud in any wyse myftruft them: and ouer thys when the apoftles at Cryft apperyng to the .xi. in the houfe/toke hym at the furft for a fpryte/yt well apperyth that apparycyons of fpryyt's was no new thyng amõg þ Jewys: which ye may well parceyue alfo by þ þ better forte of the fayd i excufyng of faynt Poule/what yf fome angell or fome fpryt haue fpokẽ to hym as ye mencyoned in the apoftlys actys: fo that as we fay who fo lyft to take all thys for lyes/ẜ ys fo faythleffe and fo proudly curyoufe that he loketh ere he beleue them to haue fuch apparycyons fpecyally shewed vnto hym felf ẜ myracles wrought in hys prefens: wold war þ wurfe and he faw theym/ and wold afcrybe yt eyther to fome fantafy or to the dyuels workis/as dyd thofe Jewes that afcrybyd Cryftys myracles to Belzabuß.

⁋For furely yf fuche people were in the cafe of faynte Thomas of Jnde/that they were other wyfe very vertuoufe and good/hauynge in that onely poynt fome hardnes of belefe as he had in Cryft's refurreccyõ: our lord we dout not wold of hys fpecyall goodnes prouyde fum fpecyell way for theyr fatyffaccyon to recouer them wyth. But now yf th they be playn carnall hygh harted and malycyoufe/lõgyng for myracles as dyd thefe croked harted Jewes/whych fayde vnto Cryfte þ they longed to fe hym shew fum myracle.he dothe therfore wyth thefe folk as Cryft dyd with them. for as he anfwerd them by the fample of Jonas the pphete/that he wolde none shew byfore þ puerfe ẜ faythleffe peple tyll he were dede: fo anfwereth he thefe puers ẜ croked malycyous peple/þ he wyll shew thẽ no fuche appary cyons tyll they be dede. And then shall he fend them where they shall fe it fo furely/ẜ to theyr payne fe fuch a gryfly fyght as shall fo greue theyr hartys to loke therd/that they shall fay as Crifte fayd to faynt Thomas of Jnde: Beati qui nõ viderunt et credideruntt: Bleffyd ẜ happy be they that beleuyd thys gere and neuer faw yt. for furely in thys world þ goodnes of god fo tẽperyth fuch apparycyõs/as hys hygh wyfedome feeth yt moft pfytable for help ẜ reliefe of the dede and inftruccyon and amendement of the quyk: kepynge fuche apparycyõsof hys great marcy moft comenly frõ þ fyght of fuch as wold turne hys godnes in to theyre awne harme. And furely of hys tender fauoure toward you/doth hys great goodnes prouyde: that fuch ap- parycyons/reuelacyons/and myracles/shold not be to coppyoufe and commune: wherby good men feyng the thynge at eye/shold lefe the great parte of that they now meryte by fayth: ayd euyll folke when they were onys famelyer wyth yt/wolde then as lytle regarde yt as they now lytle beleue yt.

⁋Now it is a world to fee wyth what folye they fortefy theyr falfe
belyefe

belyefe/and in to what fonde fantesyes they fall/whyle they declyne
from the trouth. For whyle they deny purgatory/they now afferm (&
specyally Luther hym self) that soules vnto doomys day do nothyng
els but slepe. Wo wold they be yf they fell in such a slepe as many a
soule slepeth here/(& as Judas hath all redy slept.xv.C.yere in hell.
¶Then say they that yf there were eny purgatory/oute of whych
the pope myght delyuer eny soule by his pardõ:the were he very cru
ell in that he delyueryth theym not wythout mony: & also that he ryd
dyth them not hense all to gether at onys. The furst ys a great foly
that syth our lord sendyth them thyder for satysfaccyon to be made in
sum maner for theyr synne: the pope shuld rather agaynst goddys
purpose delyuer them fre/then chaunge the maner of theyr satysfac
cyon from payne into prayour/almes dede/or other good workys to
be done by theyr frendes for them in some poynt pfytable & necessary
for the hole corps of crystendome or some good member of the same.
¶Now ys there in the seconde not onely mych more foly/but yt im
porteth also playn and opē blasphemy. For presupposed that the pope
may delyuer all sowlys out of purgatory: yet yf he were therfore
cruell as oft as he leueth any there/thys vnresonable reason layeth
cruelte to ye blame of god/whych may vndoutedly delyuer all sowlys
thēs and yet he leueth thē there. Thys blasphemy shuld also towch
hys hygh maieste for kepyng any soule in hell/frõ whens no mā dou
teth but that he myght yf he lyst delyuer them all for euer. But as he
wyll not delyuer eny thens:so wyll he not wythout good order delyu
uer eny soule here. For as of hys iustice they be worthy to ly there for
euer:so be we worthy to ly here for the whyle/and in god no cruelte
though he suffer hys mercy to be comunely suspendyd and temperyd
wyth the balaunce of hys iustyce. And though he take vs not hēre all
at onys orderlesse & at aduenture:hys hygh wysdome ys prayse wor
thy & not worthy blame. Our lord forbede ye euer we so shuld (& such
ys hys grace ye we neuer shall for eny payne possible ye we can suffer
here) hold our self cõtēt to here such folysh wordes as ēply so playn
blasphemy agaynst goddys hygh mercyfull maieste. For surely these
folk in puttyng forth of thys theyr vnwyse argument/make acoute
tenaunce to throw yt agaynst the pope/but in very dede they caste yt
at goddys hed.
¶For as for the pope who so consyder yt well/goeth farther from
the sample of god that ys set for crystes vycar in hys church by ge
uyng ouer lybērall pardon: thā by beyng theryn to scarce & strayght.
For god remytteth not here at aduenture though he may do hys plea
sure/but obserueth ryght good and great respecte/as the prayours &
intercessyons made for vs or other satysfaccyon done for vs by some
other men. And thys order vseth and of reason ought to vse hys vy-
                                                    I   car also

rar also in the dyspensynge toward oure relyefe/the precyouse trea=
sure of our comforte that cryste hath put in his keppynge. For ellys yf
other the pope or god shold alway forth with delyuer euery mā here/
or rather kepe euery man hense as these heretyques wold make men
byleue that god doth in dede/and wolde that the world sholde so take
yt: thē shold god or the pope as we some what haue sayd byfore/gyue
a greate occasyon to men boldely to fall in synne/and lytell to care or
force how slowly they ryse agayne. Whych thyng neyther were mete
for the popys offyce/nor agreable to the great wysedome of god/and
myche lesse mete for hys mercy. For by that meane shuld he gyue in=
numerable folke greate occasyon of dampnacyon/whyche presumyng
vppon suche easy shorte remyssyon/wolde lustely draw to lewdenes
wyth lytell care of amendement.

℄ And so appereth yt that the thynge whyche these wyse men wolde
haue ye take for cruell/ys of treuth moste mercyfull: and the thynge
whych they wold haue to seme very benygne and pytyouse ys in ve=
ry dede moste rygorouse and most cruell: lyke wyse as a sharpe may
ster that chastyseth hys seruaunt/is in that poynt more fauorable thā
ys an easy one that for lakke of punyshement letteth theym runne on
the brydle and gyueth theym occasyon of hangynge/whyche thynge
hath place also bytwene the father and the child. And therfore in holy
scrypture that father is not accompted for vnlouyng and cruell/that
beteth hys chyld/but rather he that leueth yt vndone. For he that spa=
reth the rodde sayth holy wrytt hateth the chyld. And god therfore that
ys of all fathers the most tender/louyng/and most benygne and mer=
cyfull/leueth no chyld of his vncorrected: but scourgeth euery chyld
that he taketh to hym. And therfore neyther god remytteth at aduen=
ture the paynes of purgatory: nor no more must the pope nether/ but
yf that he wyll whyle he laboureth to do good and be pytuouse to vs
that are dede/be cruell ᵹ do mych more harme to theym that be quyk:
and whyle he wyll draw vs owte of purgatory/dryue many of them
in to hell. Frome desyre of which kynd of helpe/we so farre abhorre/
that we wold all rather chose to dwell here long in most bytter payn/
than by such way to gete hense as myght gyue occasyon of eny mānes
dampnacyon.

℄ Now where they lyke wyse obiecte in countenaunce agaynste the
clergy/but yet in very dede they stryke the stroke at vs whome they
wolde bycreue the suffragys of good people/obiectyng that no man
may satysfye for a nother/nor that the prayour nor almoyse nor other
good dede done by one man may stande a nother in stede/but ᵹ euery
man must nedys all thynge ᵹ he wyll haue helpe of/do it euery whyt
hym selfe/and so that no mānys good dede done amonge you for vs
in relyefe of our payn could in eny maner serue vs: this oppinyon as
yf ys

yt ys toward ⅛ very peſtylent and pernycyouſe/ſo ys yt of yt ſelfe very falſe and folyſſhe. For fyrſte yf all that euer muſte auayle eny man/muſte nedys be done by hym ſelfe/and no mannys meryte may be applyed to the helpe of a nother/then were wyped a way from all men all the merytys of cryſtys bytter paſſyon/in whych though yt be trew that god dyed on the croſſe bycauſe of the vnite of god and man in perſon/yet had hys tender manhed all the payne for vs/ and hys impaſſyble godhed felte no payne at all/Wherof ſerueth alſo ⅌ pray ours that euery man prayeth for other? Wherfore dyd ſaynt Powle pray for all other criſtē men/and deſyre them all to pray for hym alſo and eche of them for other/that they myght be ſaued?

⸿ And why ys there ſo ſpecyall a mencyon made in the actys of the apoſtles/that at the delyuery of ſaynt Peter owt of pryſon/⅌ church made contynuall prayour and interceſſyon for hym? But for to ſhewe that god the rather delyuered hym for other mēnys prayours. And thynke ye that yf god haue pyte vppon one man for an others ſake/⅋ delyuereth hym at a nother mannys petycyon from a lyttell payne or pryſonement in the worlde there vppon erth: he hath not at other mēnys humble and harty prayour myche more pyte vppõ ſuche as lye in myche more heuy payne and turment here in the hote fyre of pur= gatory?

⸿ Then fynd theſe folke a nother knotte hard as they thynke to vn do. For they ſay ⅌ yf a nother mannys merytys may ſerue me/wherto ſhuld I nede to do eny good my ſelfe. Thys obieccyon ys myche lyke as yf they wold ſay yf other men may take me owt of ⅌ fyre: wherto ſhulde I labour to ryſe my ſelfe. Very trewth yt ys that ſometyme the good wurkes of one man wrought wyth good affeccyon/ may pur chaſe an other man grace for to mende and wurke for hym ſelf. But ſurely of comē courſe he that wyll not hym ſelfe wurk wyth theym/ geteth lyttell good of other mennys good dedys. For yf thy ſelfe do ſtyll drawe bakward whyle other good men wyth theyre prayour la= boure to pull the forward: yt wyll be longe ere thou make eny good days iourney. And therfore ⅌ holy doctour ſaynt Auſtayne/ in ⅌ bleſ= ſyd boke that he made of the cure and care that men ſhuld haue of vn ſely parted ſowlys: towcheth quykly the very poynte that there can none take profyte of other mennys good dedys/ But onely ſuch as ha ue deſerued by ſome good thynge in theyre awne dedys/ that other mennys dedys ſhuld helpe them: and that hath euery men done at the leſte wyſe by hys fynall repentaunce and purpoſe of amendement/ that departeth the world in the ſtate of grace.

⸿ For he that ys owte of that ſtate/can not take the profyte of other mennys merytys done for hym. And therfore damned ſoulys can not by other mennys merytys be delyuered of damnacyon: nor in lyke=

wyse he that entendeth to perseuer in synne and do no good for hym selfe. But syth that we be not in þ case / but haue with helpe of goddꝭ grace deserued to be parteners of such good dedys as ye that are our fredꝭ wyll of your goodnes do for vs: ye may by your merytꝭ hyghly releue vs here and helpe to gete vs hense. And surely great won= der were yt yf we shulde not be able to take pfyte of your prayours. for there wyll no wyse man dowte but that the prayour of eny mem ber of cristendom / may profyte eny other that yt ys made for / whych hath nede and ys a member of the same. But none ys there yet lyuyng that ys more very member of crystys mystycall body þ ys hys church then we be / nor no man lyuyng that hath more nede of helpe then we. for in surety of saluacyon we be felowes wyth angellys: in nede of relyefe we be yet felowes wyth you. And therfore beyng so sure mem bers of one body wyth angellꝭ / holy sayntys / and you: and hauyng necessyte both of theyre helpe and yours: there ys no dowte but syth euery member that nede hath maye take good by other / we stande in the case that both aungells and sayntys intercessyon and your good prayours ꝗ almoyse dede done for vs what so euer these heretyques babble / may do vs meruaylouse mych good.

¶ How many haue by goddꝭ moste gracyouse fauour appered vn= to theyre frendys after the deth and shewed theym selfe holpen and delyuered hense by pilgrymage / almoyse dede / and prayour / and spe cyall by the sacred oblacyon of that holy sacrament offred for theym in the masse. If these heretyques say that all suche thyngys be lyes: then be they myche wurse yet then theyre mayster was Luther hym selfe / as longe as eny sparke of shame was in hym. for he confesseth in hys sermons that many suche apparycyons be trew: and hys hart could not nor for very shame serue hym / that so many so often told in so many placis / so faythfully reported by so many honeste folke / and so substancyally wrytten by so many blessyd sayntys: shulde be all false. Wheryn yf these men lyste lyke lusty skolers to passe and ouer go theyre madde mayster in thys poynt / ꝗ deny these thyngꝭ all to ge ther: yet shall there styk in theyr teeth / þ scrypture of þ Machabees wherof we told you that Iudas Machabeus gatheryd ꝗ sent a great offryng to Ierusalem / for to bye sacrifyce to be offred for theym þ he found slayne in the felde / and certeyne thyngys about them taken of the Idollys forbeden them by the law / whych caused hym to fere leste they were for theyr synne fallen after theyr deth in to payne / and therfore made that gatheryng / þ almes ꝗ offring as hym selfe sayth / that they myghte therby be losyd and delyueryd of theyr synnys. So that there appereth playnly by scrypture / that such suffragys stande vs sely soulys in stede. Agaynste whych authorite yf they wyll wyth theyr mayster labour to breke out ꝗ denye that boke for holy scripture /

we haue

We haue stopped them that gap all redy with such a bush of thornys/
as will prick theyr handys thorow a payre of hedgyng glouys ere they
puff yt out.

¶And fynally for thys poynt that the suffragys of the church and p
prayours of good crysten people/stand vs here in respef and cufort/
there nedeth in thys world (as saynt Austayn sayth & saynte Damas
cene) none other maner profe then that all cristendome hath euer vsed
to do so/& haue thought them self alway so bounden to do/damnynge
alway for heretykys all them that wold afferme the contrary.

¶And in thys poynt may they haue a maruelose gret thyng agaynst
them in the iugement of euery good man the gret antiquyte of the sec
urse of Crystys church/by whych the church hath so long ago custo-
mably recommendyd in theyr prayours all crysten soulys to god. for
we trust that though these heretykys fynde many men bothe glad to
here and lyght to beleue euery lewd tale that can be surmysed agaynst
the church that now is: yet trust we that they shall fynde few or none
so farre out of all frame/but that they wyll at the lest beleue p there
hath bene sum good and godly men wyse and well lerned too among
the clergy in days passed one tyme or other. Go then to the old tyme
and to the good men that then were/& here what they sayd/& se what
they dyd/and beleue & folow them. There remayneth yet and bokys
ynow therof/the very masse in the very forme and fasshon/as saynt
Basyle/& sayit Chrysostheme/and other holy fathers in that ver-
tuouse tyme sayed yt: in whych ye shall fynd that in theyr dayly mas-
ses they prayd euer for all crysten soules.

¶Ye shall also parcepue clerely by saynt Chrisostheme in a sermon
of hys/that in his tyme there were in the funerall serupce at the very
eng of the corps/the self same psalmes songen that ye syng now at p
dirige. Wherby yt well appareth that yt is no new foud thyng: for his
tyme was farr aboue a.M.yere ago: and yet was p thyng long vsed
afore hys dayes. And because ye shall know that the more surely: he
sayth p the gyse & custume to pray for soulys/was instytute and by-
gone in the church by the blessyd apostles theym selfe. And so whyle
so good men so long a go bygan yt/and good folke hath euer synnys
contynued yt/ye may sone gesse whyther they be good men or no that
now prouoke you to breke yt.

¶Now where they say that yf the masse could do vs eny good/that
then the prestys be very cruell that wyll say none for vs but they be
waged: thys word ys as trew as theyre entent ys fraudulet & false.
for theyre purpose ys in those wordys to make the world wene/that
the clergy were so couetouse and cruell therwyth/that there wyll no
preste pray for vs pore soulys here/without he be hyred therto: Wher
of our lorde be thanked we fynde full well the contrary. for albe yt

that of

that of Luthers prestſ we can haue none helpe/ſyth theyr maſſys of=
fer not vp the ſacrament to god neyther for quyk nor dede/ nor make
no very preſtſ among theym ſyth they take preſthed for no ſacramēt:
yet of good criſten preſtys we fynde greate relyefe as well in theyre
dyrges and mych other ſuffragys by olde inſtytucyon of the churche
ſpecyally ſayed for vs/ though no man geue theym one peny thorow
the yere. And ſo may all the worlde wyt that thys word of theſe here
tykues hath myche malyce and lyttell effecte theryn.

⸿ But nowe thowghe the preſtys praye for vs of theyre awne
cheryte: yet when good people deſyre theym thereto and gyue theym
theyre almoyſe therefore: then are they dowble bounden/ and then ry
ſeth there myche more good and profyt vppon all ſydys. for thē take
we frute both of the prayour of þ tone and the almoyſe of the tother.
And thē taketh the preſte benyfyte of hys awne prayour made bothe
for the geuer and for vs. The geuer alſo getteth frute both of hys
awne mercyfull almoyſe/ and of double prayour alſo/ that ys to wyt
Bothe the prayour of the preſte that prayeth for vs/ whyche comenly
prayeth for hym to/ and alſo the prayour of vs/ whyche wyth great
feruour of hart pray for our benefactours inceſſautly/ and are ſo fer
forth in goddys vndowted fauour/ that very few mē ſpuyng vppon
erth are ſo well herd as we: By ſydys that of all kynd of almoyſe that
eny man can geue/ the moſte merytoryouſe ys þ whych ys byſtowed
vppon vs/ as well for that yt ys vnto the moſte nedy and alſo to thē
thet are abſent/ and fynally for that of all maner almoyſe yt is moſte
grownded vppon the foundacyon of all cryſten vertuoſe fayth.
for as for to pore folke/ a naturall man wyll gyue almoyſe eyther
for pytye of ſome pytuoſe ſyght/ or for weryneſſe of theyre importu=
ne cryenge. But as for vs pore ſowlys paſſed the world/ whome he
that gyueth almoyſe neyther ſeeth nor hereth: wolde neuer beſtowe
one peny vppon vs but yf he had a fayth that we lyue ſtyll/ and that
he fered that we lye in payne/ and hoppd of hys reward in heuen.
Whych kynde of fayth and good hope ioyned wyth hie gyft and good
wurck/ muſt nedys make it one of the beſt kynd of almoyſe dede that
eny man can do in the world.

⸿ And ſyth that yt ſo ys as in dede yt ys: what vncharytable ⁊ what
vnfaythfull folk ar theſe/ that for hatred whych they ow to preſted/
wolde make you beleue that there were no purgatory/ ⁊ wold rather
wyſh by theyr wyllys that theyr owne fathers ſhuld lye here in fyre
tyll the day of doome/ then eny man ſhulde geue a preſte one peny to
pray for them?

⸿ And yet ys there here one thyng well to be cōſyderyd/ that they ra
ther hate preſtys for hatred of Cryſtſ fayth/ then ſpeke agaynſt pur
gatory for hatred of preſtys. Whych thyng though yt ſeme you darke
at the

at the furst heryng: ye shall yet yf ye loke well/very well parceyue.
for yf it so were that thys kynde of people dyd speke agaynst purga
tory onely for ye hatred of the pope (z ye clergy/then wold they graunte
that saued soules ar yet purged in the fyre here for theyr synnis vnsa
tysfyed in the worlde : and yt shulde then suffyce thē to say for theyre
purpose/that neyther prest nor pope nor eny man els nor eny mānys
almes or prayour/can in thys place of ponyshmēt eny thynge releue
vs. for thys were ynough ye se well to serue theyr purpose agaynst
ye clergy. But yet because they haue a farre farther purpose agaynst
all good crystē fayth: they be not cōtent therfore to leue at hys poynt
but steppe them forthe farther and deny purgatory vtterly/to thede
that men shuld take boldnes to care the lesse for theyre synne. And yf
they myght onys be beleuyd theryn: thē wold they step yet farther (z
denye hell and all/and after that heuen to. But as for heuen albeyt ye
as yet they denye yt not: yet pull they many a symple sowle thence/
whych were yt not for theyr myscheuous doctrine were els well lyk
ly to be there a full bryght and gloryouse saynt.

And surely the more that wyse men aduyse them selfe vppon this
mater: the more shall they meruayle of the mad mynd of theym that
deny purgatory/or say ye the prayours or good workys of mē lyuyng
in the world cā do vs here no good. for euery mā that eny wyt hath:
wotteth well that the surest way were in euery dowt best to be taken
Now suppose then that purgatory could in no wyse be proued/and ye
some wold yet say playnly ye there were one/(z some wold say playn=
ly nay: let vs now see whether sorte of these twayne might take most
harm/if theyr part were the wrong. furst he that beleued there were
purgatory/(z that hys prayour and good workē wrought for hys frē
dys soule myghte releue thē theryn/and because therof vsed mych
prayour and almoyse for theym: he could not lese the reward of hys
good wyll/all though hys opynyon were vntrew/(z that there were
no purgatory at all/no more then he leseth hys labour now ye prayeth
for one whō he feereth to ly in purgatory where he ys all redy in heuē.
But on the tother syde/he that beleueth there ys none/and therfore
prayeth for none: yf hys opynyō be false/and that there be purgatory
in dede as in dede there ys/he leseth mych good and getteth hym also
myche harme/for he both feereth myche ye lesse to synne and to ly long
in purgatory/sauyng that hys heresye shall saue hym thense and send
hym downe depe in to hell.

And yt fareth bytwene these two kynd of folk as yt fared bytwe=
ne a lewde galand z a pore frere. Whom when the galand saw goynge
barefote in a great froste and snowe/he askyd hym why he dyd take
suche payne. And he answered ye yt was very lytell payne yf a man
wold remēber hell. ye frere quoth ye galant but what z there be none

hell/thā arte thou a grett fole. ye mayſter quoth the frere but whak ҁ
there be hell/than ys your mayſterſhyppe a mych more fole.

¶More ouer there was neuer yet eny of that ſorte/that coulde for
ſhame ſaye that eny man ys in parell for byleuynge that there ys pur
gatory. But they ſaye onely that there ys none in dede/and that they
may wythout eny ſynne afferme theyre oppnyō for trouth. But now
vpon the tother ſyde many an hundred thowſand/that ys to wyt all
the hole churche of cryſte that ys or euer hath bene/ afferme that the
affermyng of theyre oppnyon agaynſt purgatory/ys a playne damp=
nable hereſy. Wherfore it well and playnly appereth and euery wyſe
mā well ſeeth/that yt ys the farre ſurer way to beleue in ſuch wyſe
as both the partys agree to be owt of all parell/thē that way whych
ſo farre the greter parte and myche farther the better parte afferme
to be vndowted dedely ſynne. And now where as euery fole maye ſe
that eny wyſe man wyll take the ſureſte way/which ys as ye ſe dow
ble proued to beleue that there ys purgatory: yet ſayd the wyſe pro҃c
tour of beggars þ wyſe men wyll ſaye there ys none. For he ſaꝛth þ
many greate letterd men and ryght conynge men/ wyll not ſet to put
thē ſelf in ieoperdye of ſhame ҁ of deth alſo/to ſhewe theyre myndē
that there ys no purgatory. He ys loth to ſay þ theſe be heretyques
but he ſayeth theſe be they that men call heretyques. Wherin he ſpe=
kꝛth myche lyke as yf he wo d poynt wyth hys fynger to a flokke of
fat wethers/and ſay theſe be ſuche beſtys as men call ſhepe.

¶But now wolde we fayne ſe whyche be theſe wyſe men and well
lettred/whych ſhall not fayle vppon theyre awne confeſſyon to agre
that theyre aduerſaryes take the ſure way and fertheſte owte of pa=
rell/and thepm ſelfe the moſte daungerouſe and fertheſt from all ſu
rety. But yet wolde we for þ whyle fayn here who they be. Surely
none other but Luther and Tyndale/and thys beggars proctoure/ҁ
a few ſuch of that ſect/mē of ſuch vertew/wyſdome aud lerning/as
theyre lewd wrytynge and mych more theyre lewd lyuyng ſhewyth.

¶But now ar they farre an other maner ſorte both in nomber/wyſ=
dome/lernyng/trewth and good lyuyng/ whych affyrme and ſay the
contrary. And ſurely yf .iii. or .iiii. ¶.good and honeſt men wold fayth
fully cum forth ҁ tell one þ ſum of hys frendē were in a farre cūtrey
for det kept in pryſon/ҁ that hys charyte myght releue them thence:
yf then .iii. or .iiii. fond felows wold cum and ſay the contrary/and tell
hym playn there ys no ſuch priſon at all as he ys borne in hād that hiꞈ
fredys ar pryſoned in: yf he wold now be ſo lyght to beleue thoſe .iii.
or .iiii. noughty pſons/agaynſt thoſe .iii. or .iiii. ¶.good and honeſt mē:
he thē ſhuld well decypher hym ſelf/and well declare therby that he
wold gladly cach hold of ſum ſmall handell to kepe hys money faſt/
rather then help hys frendys in theyre neceſſyte.

¶Now

¶ Now yf ye cōſider how late thys ſecōd ſect began/whych among
cryſtē men barketh agaynſt purgatory/and how few alway for very
ſhame of theyr foly hath hetherto fallen into them: and then yf ye cō
ſyder on the tother ſyde how full and hote the gret corps of all cryſtē
cūntreys ſo many hundred yerys/haue euer told you the contrary: ye
ſhall we be very ſure for euery perſon ſpekyng agaynſte purgatory/
fynde for the tother parte mo than many an hundred.

¶ Now yf theſe men wyll paduenture ſay that they care no for ſuch
cōparyſon/neyther of tyme wyth tyme/nōber wyth nōber/nor cūpa
ny wyth cūpany/but ſyth ſum one man ys in credēce worth ſum. vii.
ſcore: yf they wyll therfore call vs to ſum other rekening ẻ wyll that
we compare of the beſt choyſe on both ſydes a certayn/ẻ match them
man for man: then haue we (yf we myght for ſhame matche ſuch blyſ
ſed ſayntẻ wyth a ſorte ſo farre vnlyke) ſaynt Auſtayn agaynſt frere
Luther/ſaynt Dyerom agaynſt frere Lambert/ſaynt Ambroſe a-
gaynſt frere Huſken/ſaynt Gregory agaynſt preeſte Pomeran/
ſaynt Chriſoſteme agaynſt Tindale/ſaynt Baſyle agaynſt þ beg-
gars proctour.

¶ Now yf our enmyes wyll for lak of other choyſe/help forth theyr
owne pte wyth theyre wyuys: thē haue they ſome aduātage in dede/
for þ tother holy ſayntẻ had none. But yet ſhall we not lack bleſſyd
holy women agaynſt theſe frerys wyuis. for we ſhall haue ſaynt A-
naſtace agaynſt frere Luthers wyfe/ſaynt Hildegardẻ agaynſt fre
re Huſkyns wyfe/ſaynt Byrgyte agaynſt frere Lābertẻ wyfe and
ſaynt Katheryn of ſenys agaynſt preſt Pomeranys wyfe. Now yf
they wyll haue in theſe matches þ qualityes of eyther ſyde cōſyderyd:
thē haue we wyſdō agaynſt foly/cūnyng agaynſt ignorāuce/charyte
agaynſt malyce/trew fayth agaynſt hereſyes/humilite agaynſt arro
gāuce/reuelacyōs agaynſt illuſyōs/inſpyracyō of god agaynſt inuē
cyons of þ deuyll/cōſtaunce agaynſt waueryng/abſtynence agaynſt
glotony/cōtynēce agaynſt lechery/ẻ fynally euery kynde of vertue
agaynſt euery kynde of vyce. And ouer thys where as we be not yet
very ſure whyther þ all theſe nawghty pſons whome we haue reher
ſed you of þ worſe ſyde/be fully fall ſo madde as vterly to deny pur
gatory/ſauynge in þ we ſe thepm in many thyngẻ all of one ſecte: yet
yf there were of thepm farre many ſuch mo/they ſhall not yet fynd
of þ ſymple ſute half ſo many/as for our pte remayneth holy bleſſyd
ſayntẻ to matche thepm. for lyke wyſe as many theyre holy workys
eruditely wrytē ẻ by the helpe of þ holy gooſt endyghted: euydently
declare þ not onely ſaynt Auſtayne/ſaynt Hierome/ſaynt Ambroſe
ẻ þ holy pope ſaynt Gregory/wyth ſaynt Chriſoſtē/ẻ ſaynt Baſyle
afore remēbred/ẻ thoſe holy womē alſo þ we haue ſpokē of/but ouer
þ the great ſolēpne doctour Origene/all þ thre great doctours ẻ holy

K   ſayntẻ

sayntys of one name in grece/ Gregorius Nasianzenus/ Gregorius
Nissenus/ Gregorius Emissenus/ saynt Cyrillus/ saynt Damasce
ne/ þ famouse doctour & holy martyr saynt Ciprane/ saynt Hylary/
saynt Bede/ & saynt Thomas/ & fynally all suche as are of þ sute &
sorte eyther grekys or latyns/ haue euer taught & testyfyed and exhor
ted þ peple to pray for all crystyn soulys & preched for purgatory: so
doth there no man dowte but þ all good & deuowte crystē peple from
crystys dayes hytherto/ hath ferme & faste bene of þ same bylyefe/&
wyth theyr dayly prayours and almoyse dede done for vs haue done
vs great respese. So that as we sayed both for nōber of many folke
and goodnes of chosen folke: our enemyes are farre vnder vs. And
yet haue we for the vauntage as we haue byfore declared you þ fere
of Ezechyas/ the boke of the kyngys/ the wordys of the prophete za-
chary/ the fayth of Machabeus/ þ authoryte of saynt Ihān/ the wor-
dys of saynt Peter/ the sentēce of saynt Poule/ þ testimony of saynt
Mathew/ and the playne sentence of our sauyour cryste.

¶ Now yf these heretyques be so styffe & stoborne/ that rather then
they wyll confesse theym selfe concluded/ they wyll holde on theyre
olde wayes and fall frome wurse to wurse/ and lyke as they haue all
redy agaynst theyre formar promyse fyrst reiected reason and after
lawe/& then all þ doctours and olde holy fathers of crystys churche/
and fynally the hole churche yt selfe: so yf they wyll at length as we
greatly fere they wyll/ reiect all scrypture & cast of Criste & all: now
as we say yf they so do/ yet haue we left at the wurst way Luther a-
gaynst Luther/ Huskyn agaynst Huskyn/ Tyndall agaynst Tyn
dall/& fynally euery heretyke agaynst hym self. And thē when these
folk syt in Almayn vppon theyr bere bench in iugement on vs & our
maters: we may as the knyght of kyng Alexander appelyd frō Ale-
xander to Alexāder/ frō Alexander the dronk to Alexāder the sober:
so shall we appele from Luther to Luther/ frō Luther the dronken to
Luther the sober/ from Luther the heretyke to Luther the catholyke/
& lyke wyse in all the remenaunt. For thys dothe no man dout but that
euery one of thē all/ before they fell dronk of the dreggys of olde poy
sonyd heresyes/ in whych they fell a quaftyng wyth the dyuell: they
dyd full sadly & soberly pray for all crysten soulys. But synnys that
they be fallen dronken in wrechyd & synfull heresyes: they neyther
care for other mennys soulys nor for theyr owne neyther. And on the
tother syde yf euer they wurk wyth grace to purge them self of those
poysoned heresyes/ wherwyth they be now so dronk/ they wyll than
geue sentēce on our syde as they dyd before. It were not yuell þ we
shewed you sū what for exsample wherby ye may se what sobernes
they were in before/& in what dronkennes the dyuels drawghte hath
brought them. And in whom shuld we shew yt better than in Luther
hym

hym self archeheretyke and father abbot of all that dronke felishyp:
furst thys man was so fast of our syde whyle he was well & sober/
that yet when he began to be well washed/ he coulde not fynde in his
hart vtterly to fall from vs. But when his hed furste began to dase
of that euyll drynke : he wrote that purgatory coud not be proued by
scrypture. And yet that not wythstandyng he wrote in this wyse ther
wyth. I am very sure that there ys purgatory/& yt lytle moueth me
what heretykis babble. Shuld I beleue an heretyke borne of late scat
fyfty yerys ago/ and say the fayth were false that hathe bene holden
so many hudred yere: Lo here thys man spake well vppon our syde.
But yet sayed he therwith one thyng or twayne/ that coud not stande
therwyth: and therby may ye se that he began to reele. For he both af
fyrmyd that purgatory coud not be pruyd by scripture/ and affyrmyd
ferther that nothyng coud be take for a sure & certayn treuth/ but yf
yt appered by clere and euydent scrypture. Whych two thyngys pre=
supposed: how coud eny man be sure of purgatory? But the help ys
that both those poyntes be false. For both ys purgatory pruyd by scryp
ture/ and the chatholyke fayth of Crystys church were suffyeyent to
make men sure therof/ albe yt there were not in all scrypture one text
for yt/ and dyuers þ semyd agaynst it as we haue shewed you before.

¶ But here as we say ye se how shamfully he staggared & began to
reele: how be it sone after beyng so dowsy dronk þ he coulde neyther
stand nor reele but fell downe sow dronk in the   yre: then lyke one þ
nothyng remembred what he had sayd/ nor herd not hys awn voyce/
he began to be hym self þ babelynge heretike agaynst whom he had wry
te before: & beyng not fully fyfty yere old/ began to gaynsay þ fayth
of almost.xv. hudred yere afore his days in the churche of Criste/ be
sydys.xv.C. yere thre tymys told amog other faythfull folk before.
For now in hys dronken sermon that he wrote vppon the gospell of þ
ryche man & Lazare/ where as he had in hys other bokys before fra=
myd of hys owne fantasy/ new fond fassyons of purgatory/ and told
them forth for as playn matters as though he had bene here and sene
them: now in thys mad sermon of hys he sayth playnly that there ys
none at all/ but that all soulys ly styll and slepe/ and so slepe shall/ vn
tyll the day of dome. O sow dronken soule drownyd in such an insen=
syble slepe that he lyeth and rowghteth/ whyle the apostles/ the euan
gelystys/ all the doctours of Crystys church/ all the hole crysten peo=
ple/ and among them cryste hym selfe/ stande and cry at hys ere/ that
the sely crysten sowlys lye and burne in purgatory/ & he can not here
but lyeth styll in the myre and snorteth and there dremeth that we lye
styll and slepe as he doth.

¶ And thus where the beggars proctour wryteth that wyse men say
there ys no purgatory: ye se now your selfe how wyse ys he whome

they

they take for the wysest of all that sort/as hym that ys now þ very
well sprpng & archeheretyque of all theyre secte. Of all which wyse
men we leue yt to youre wysedome to consyder:whyther ye fynde eny
whom your wysedomes wold in wysedom compare wyth eny of those
old holy doctours and sayntys whom we haue rehersed you byfore.
But thys man we wote well for a nother of these wyse men meaneth
Wyllyam Tyndall. Whose wysedom well appereth in þ mater by
þ he sayeth agaynst yt nothyng but skoffynge:Wherin he sayth that þ
pope may be bold in purgatory/bycause yt ys he sayth a thyng of hys
aowne makyng:Where as we haue proued you by scrypture that pur-
gatory was percepued and taught and dede mennys soulys prayed
for/so longe ere euer eny pope bygan.

But for as myche as he sayth that wyse men wyll say there ys no
purgatory/among whych wyse men we dowte not but the wyse man
accompteth hym selfe (for he sayeth for that parte as hym selfe we-
neth very wyse & weyghty resons/þ wysdd wherof we haue all redy
pupd you very playne frantyke foly) we wyll nowe finyshe the dys-
pycyons of all thys debate and questyon/wyth þ declaracyon of one
or two poyntys of hys especyall wysdome/and wyth one of whych
hym selfe wysely destroyeth all hys holy mater.

Furste ye se well that aske yt in dede he entendeth to go fertheryf
hys byll were ones well spedde : yet he pretendyth nothyng in vysa-
ge but onely the spoyle/weddynge/and beatynge of the clergye :to
whom he sayth not all onely such fautys as ye haue hard/and hath p
uyd hys purpose wyth such groundys as we haue proued false : But
also sayth one great necessyte to take all from the becaufe they breke
þ statute made of mortmayn/& purchase more landys styll agaynst þ
pupyson therof. And the sayth he þ eny land whych onys cumeth in
theyr handys/cumpth neuer out agayn. for he sayth þ they haue such
lawes concernyng theyr ladys/as they may neyther geue eny nor sell.
for whyche cause lest they shuld at length haue all/he deuyseth to
let them haue nothyng.

Now furst where he maketh as though there cã yet for all the sta
tute dayly much lynd in to the/& þ there can none at all come fro the:
neyther ys the tone so much as he wold make yt seme/& the tother ys
very false.for truly there may cũ and doth eũ lãd fro the by eschete/
as we be sure many of you haue had experyence : & also what lawes
so euer they haue of theyr own þ phibyte the to sell theyr landys/yet
of thys are we very sure þ not wythstandyng all þ lawes they haue/
they may sell in such wyse of theyr wyll all the lande they haue/þ they
cã neuer recouer fote agayn.And besidys all þ albe it there be lawes
made by the chyrch agaynst such salys as shrewd husbandys wold els
boldly make of þ lãdys of theyr monesterys:yet ys there not so pey
se pro-

se purʸon made agaynſt all ſalys of theyr landʸ/ but ꝑ they may be
alienyd foꝛ cauſe reſonable appꝛuud by ꝑ aduyſe ⁊ coūſell of theyꝛ che
fe hed. And many a mā ys there in ꝑ realm ꝑ hath landʸ geuē oꝛ ſold
out of abbays ⁊ out of byſhopꝛiches both: ſo ꝑ this pte is a playn ſpe
¶ The tother part ys alſo neyther very certayne noꝛ very mych to
purpoſe. foꝛ truly though that in the cytee of London to whych there
ys grauntyd by authoꝛyte of parliament/ that men may there deuyſe
theyꝛ landys in to moꝛtemayn by theyꝛ teſtamentʸ/ there is ſumwhat
among geuen into the church/ and yet not all to them but the great pte
vnto the cumpanyes ⁊ felyſhyppys of the craftys: in nother placys
of the realme there ys now a dayʸ no great thyng geuen/ but yf yt be
ſometym̄ ſome ſmall thynge foꝛ the foundacyon of a chauntery. foꝛ
as foꝛ abbays oꝛ ſuch other great foūdacyōs there be not now a dayʸ
many made noꝛ haue bene of good whyle/ excepte ſome what done in
the vnyuerſytees. And yet who ſo conſyder thoſe great foundacyons
that haue thys great whyle bene made eny where/ ſhall well parcey
ue that the ſubſtaunce of thē be not all ſownden vppon tempoꝛall lan
dys new taken owte of the tempoꝛall handys in to the churche/ but of
ſuche as the church had longe a foꝛe/ ⁊ now the ſame tranſlated from
one place vnto a nother: And ouer this ſhall he fynd that many an ab
bey (whoſe hole lyuyng thys man weneth ſtoode all by tēpoꝛall lan
dys geuen them in theyꝛe foundacyon) haue the great parte therof in
benefyces gyuen in and empropꝛed vnto theym. So that yf he conſy
der the ſubſtaūce of all the greate foūdacyons made thys great why
le/ an J all that hath in to eny ſuche theſe many dayes be gyuen/ ⁊ then
cōſyder well therwyth how cold the cheryte of cryſte people waxeth
by the meanys of ſuche deuyls pꝛoctours as vnder pꝛetexte of beg
gyng foꝛ the poꝛe/ entend and labour to quench the feruour of deuo
cyō to godwarde in ſymple and ſone ledde: ſo whys: he ſhall not nede
to fere that all the tēpoꝛall lande in the reaſm ſhall come in to the ſpy
rytualtye. And yet yf men went nowe ſo faſte to gyue in ſtyll to the
church as they dyd byfoꝛe whyle deuocyon was feruēt in the people
and vertu plentuouſe in the church: yet myght yt be and in other cun
trees ys purued foꝛ well ynough/ both that mēnys deuocyon myght
be be fauoꝛed/ and yet not the churche haue all.
¶ But thys wyſe man leſte they ſhulde haue all: wowe leue theym
ryght nought. foꝛ hys wyſedom weneth there were no meane way
bytwene euery whyt and neuer a whyt but nothynge at all. And ſure
ly where that he ſayeth ſo ſoꝛe vnto theym/ the newe purchaſynge of
moꝛe tempoꝛall landys eyther bought oꝛ gyuen them: yt appereth
well he wolde ſaye ſoꝛe to theym yf they pulled the land fro men by
foꝛce/ whyche nowe ſayeth ſo hyablly to theyꝛ charge bycauſe they ta
ke yt when men gyue yt theym: whyche thyng we ſuppoſe hym ſelfe
as holy as he ys/ wolde not myche refuſe. Noꝛ they be not myche to

Be blamed yf they receyue mennys deuocyon/ But yf they bestow yt not well. And yet where he sayth there can no statute holde them/ but they purchace styll and breke the statute/ where in he wolde seme cō-npynge bycause he had a lytell smatterynge in the lawe : yt were good ere he be so bold to put hys ignorāuce in wrytynge/ that he shulde se the statute better. Whyche when he lyste to loke vppon agayne and sette some wyser man loke wyth hym/ yf he consyder well what re-medy the statute prouyde/ ¶ for whom:he shall fynd ÿ the makers of the statute not so mych fered the great hygh poynt that prykketh hym now leste the hole temporall landys shuld come in to the churche/as they dyd the losse of theyre wardys and theyr vnlykelyhed of eschetꝭ ¶ sum other cōmoditees ÿ they lakked whē theyr ladyſ were alyened in to the church: ¶ yet not in to the church onely but also in to eny mort mayn. And for this they prouyded ÿ yf eny more were alyened in to ÿ churche or in to eny maner of morte mayne/the kyng or eny other lord medyate or immedyate that myght take losse therby myght entre ther in to/to thentēt ÿ ere euer the purchase were made/they shuld be fayn in such wyse to sue to euery one of thē for his lycēce ¶ good will/ that eche of them shuld be arbyter of hys owne hurte or losse and take hys amendys at hys own hand. And thys statute ys not made onely for ÿ aduauntage of the tēporall lordys agaynst the clergy/ but yt ys made indyfferently agaynst all mortmayn: Whych ys as well tēporall folk as spyrytuall/and for the benefyte as well of spyrituall men as tem porall. for as well shall a byshop or an abbot haue the aduauntage of that statute yf hys tenaunt alyen hys landys in to eny mortemayn/as shall an erle or a duke. And now when the churche pulleth not away ÿ land from the owner by force/but hath yt of hys deuocyon and hys gyft geuē of hys owne offer vnasked/¶ yet not wythout lycēce of all such as the statute lympteth where ys thys great faut of theyrs/for whych lest they shuld take more in ÿ same maner/ he wold they shuld lese all that they haue all redy. What wysdome ys thys whē he sayth agaynst them theyr dede wherin they breke no lawe? And yet syth they can not take yt wythout the kyng and the lordys/ hys wordys yf they wayd ought/shuld rōne to the reproche and blame of them whom he wold fayn flater/wythout faut founden in them whom he so sore ac-cuseth. But now the specyall hygh poynt of his wysdome for whych we be dryuen to speke of thys matter he specyally declareth in thys. Ye se well that he wold that the temporall mē shuld take fro the cler gy/not onely all these landys purchased synnys the statute of morte mayn/but also all that euer they had before too/and yet ouer thys all the hole lyuyng ÿ euer they haue by eny maner mean besyde: becauſ he thynketh that they haue to much by all to gether. And whē he hath gyuen hys aduyse therto and sayd that they haue to much: then sayth he by

he by and by that yf there were eny purgatorye in dede/yt were well
done to gyue them yet more/and that they haue then a great dele to
lytle. But now so ys yt that purgatory there ys in dede/nor no good
crysten man is there but he wyll and must beleue ¶ confesse the same.
Wherof yt playnly folowyth that hys own agrement added vnto the
trouth/that ys to say that the church hath as he sayth to lytle yf there
be a purgatory/added vnto the trouth that there ys a purgatory/ and
that euery trew crysten man doth ¶ must confesse yt: then hath loo the
wyse man brought all hys purpose so substancyally to passe/ that by
hys own playne agrement added vnto the vndoutable trouth/no man
may do that he wold haue all men do/spoyle and pyll the church/but
he that wyll furste playnly professe hym self a playn and vndowtyd
heretyke.

¶And therfore syth ye now se the wyt of thys wyse man/y laboreth
to bryng vs owte of your remembraunce/syth ye se the symple grounde
of hys prowde supplycacyon/and ye percepue the rancour and maly
ce that hys mater standeth on: for fulfyllyng wherof he wold by his
wyll bryng all the worlde in trouble:¶ syth ye se that he hateth y cler
gye for the fayth/and vs for the clergy/ and in reprouyng purgatory
proueth hym selfe an infydele: syth we haue made yt you clere that
your prayour may do vs good/and haue shewed yt you so playnely
that a chylde may percepue yt/not onely by the comen opynyon of all
people and the faste vnfallyble fayth of all crysten peple from Cry
stys dayes vntyll your owne tyme/confermed by the doctryne of all
holy doctours / declared by good reason/ and proued by the scryptu
re of god/both apostles/ and euangelystys/and our sauyour Cryste
hym self: we wyll encumber you no ferther wyth dysputyng vppon
the mater/nor argue the thynge as dowtefull/ that is vndowted and
questyonlesse. But lettyng passe ouer such heretiques as are our ma
lycyouse mortall enemyes/prayenge god of his grace to gyue theym
better mynde: we shall tourne vs to you that are faythfull folke and
our dere louyng fredys/besechyng your goodnes of your tender pyte
that we may be remembred wyth your cherytable almoyse and pray-
our. And in thys parte albe yt we stande in suche case that yt better
bycummeth vs to beseeche and praye euery man/then to fynde eny
fawte wyth eny man: yet are we somwhat constrayned not to make
eny mater of quarell or complaynt agaynst eny mannys vnkidenes/but
surely to mourne ¶ lament our awne harde fortune ¶ chaunce in y lakke
of relyefe ¶ cunforte/which we misse fro our fredis/not of euyll myn-
de wythdrawe vs/or of vnfaythfulnes/but of neglyges for slouthed
¶ foded forth of forgetfulnes. If ye y ar such (for ye be not all such)
myght loke vppon vs ¶ byhold in what heuy plyght we ly:your slouth
wold sone be quikened ¶ your oblyuion tourne to freshe remembraunce.

¶for yf

¶ For yf youre father/youre mother/youre chylde/youre brother/
youre suster/youre husbande/youre wyfe/or a very straunger to/
say in youre syghte some where in fyre/and that your meanes myght
helpe hym:what hart were so hard/what stomake were so stony/that
coulᵈ syt in reste at supper or slepe in reste a bedde/and let a man ly
and burne? We fynde therfore full trew that olde sayd saw/out of
syght oute of mynde. And yet surely to say the trewth / we can not
theryn wyth reason mych complayne vppon you. For whyle we
were wyth you there/for wantonnes of that wreched world we for-
gate in lyke wyse our good frendys here. And therfore can we not
mꝛ-ruayle myche though the iustyce of god suffer vs to be forgoten
of you as other haue bene before forgoten of vs. But we beseche
our lorde for both our sakys to gyue you the grace to mend for
your parte that comen faut of vs both/lest when ye cum hether here
after/god of lyke iustice suffer you to be forgoten of them that ye le-
ue there behynde you/as ye forgete vs that ar come hether afore you
But alſbe yt we can not well as we say for the lyke faut in our selfe
greatly rebuke or blame thys neglygence and forgetfulnes in you:
yet wolde we for the better wyſh you that ye myght wythowt your
payn/onys at the leste wyſe behold/parceyue/and se/what heuynes
of hart ꝗ what a sorowfull shame the sely soule hath at hys furst cō-
myng hyther/to loke his old frendys in the face here/ whom he remē
bꝛyth hym self to haue so foule forgoten whyle he lyued there.When
alſbe yt that in thys place no man cā be angry/yet theyꝛ pytuouse loke
and lamentable countenaunce casteth hys vnkynd forgetfulnes in to
hys mynde:but ye well dere frendꝭ that among the manyfold great
and greuouse payne whych he suffreth here/ wherof god send you þ
grace to suffer eyther none or few:the grudge and greefe of hys con-
scyence in the consyderacyon of hys vnkynde forgetfulnes/ is not of
all them the leste. Therfore dere frendys let our foly lerne you wyſ
dome. Send hether your prayour: sende hether your almoyse before
you: so shall we fynde ease therof/and yet shall ye fynde yt styll. For
as he that lyghtyth a nother the cādell hath neuer the lesse lyght hym
self/ꝗ he that blowyth þ fyre for a nother to warme hym doth warm
hym self also therwyth:so surely good frendys the good that ye send
hether before you/both greatly refresheth vs/and yet ys holly reser
uyd here for you wyth oure prayours added thereto for youre ferther
aduauntage.
¶ Wold god we coud haue done our self as we now counsell you.
And god gyue you þ grace whych many of vs refused/ to make bet-
ter purſyon whyle ye lyue thā many of vs haue done. For mich haue
we left in our executours handꝭ/ whych wold god we had bestowed
vppō poꝛe folk for our owne soulys ꝗ our fredys wyth our own han
dys

dys. Mych haue many of vs bestowyd vppd rych men in gold rynge
and blak gownys: mych in many tapers & torchys: mych in worldly
pomp and hygh solempne ceremonyes about our funerallys, wherof
the brotle glory standeth vs here god wot in very litle stede, but hath
on the tother syde done vs great dyspleasure. For albe yt ý the kynde
solycytude & louyng dylygence of the quyk vsed about the beryeng
of the dede, is well allowed and approuyd afore the face of god: yet
mych superfluouse charge vsed for boste and ostětacyon, namely de-
uysed by the dede before hys dethe, ys of god greatly myslyked: and
myste especially that kynde & faschon therof wherin some of vs haue
fallen, and many besydys vs that now lye damnyd in hell. For some
hathe there of vs whyle we were in helthe, not so mych studyed how
we myght dye penytět and in good crysten plyght, as how we myght
be solempnely borne owte to beryeng, haue gay & goodly funerallys
wyth heraudys at our hersys, and ofryng vp oure helmettys, set-
tyng vp our skouchyn and cote armoure on the wall though there ne
uer cam harneyse on our bakkys, nor neuer aunceftour of oure euer
bare armis byfore. The deuysed we some doctour to make a sermon
at our masse in our monthys mynde, and there preche to our prayse
wyth some fond fantesy deuysed of our name, and after masse, mych
festyng ryotouse and costly, and fynally lyke madde men made men
mery at our dethe, and take our beryeng for a brydeale. For specyall
punyshement wherof, some of vs haue bene by our euyll aungels
brought forth full heuely in full great despyght to beholde our owne
beryeng, and so standen in great payne inuysyble among the preace,
and made to loke on our careyn corps caryed owte wyth great pōpe,
wherof our lorde knoweth we haue taken heuy pleasure.

℃ Yet wolde ye peraduenture wene that we were in one thyng well
eafed, in that we were for the tyme taken hense owt of the fyre of our
purgatory. But in thys poynt yf ye so thynke, ye be farre deceyued.
For lyke wyse as good aungels and saued soulys in heuē, neuer lese
nor lessen theyre ioy by chaungyng of theyre placys, but though there
be eny specyall place appoynted for heuē ferthest from the centre of
the hole worlde or where so euer yt be, be yt bodyly or aboue all body
ly space, the blessyd heuenly spyrytys where so euer they bycū be ey=
ther styll in heuen or in theyr heuenly ioy: nor Gabryell when he cam
down to our lady, neuer forbare eny parte of his pleasure, but he had
yt paduēture wyth some newe degre encreaced by the cūforte of hys
ioyfull message, but mynyshed myght yt neuer be, not and he had an
errand in to hell: ryght so fareth it on ý tother syde, that neyther dãp=
ned wreches at eny tyme, nor we for the space of our clensynge tyme
though we haue for the generaltye our comen place of payne appoyn
ted vs here in purgatory: yet yf it please our lorde that at eny season
L   our gar=

our gardayns conuay some of vs to be for some consyderacyons eny
tyme ellys there/as some percase to appere to some frēd of ours ꝫ
shew hym how we stand/ꝫ by þ sufferaūs of goddys souerayn good
nes to tell hym wyth what almoyse/prayour/pylgrymage/or other
good dede done for vs he may helpe vs hense/in whyche thynge the
deuyll ys loth to walke wyth vs but he may not chese and can no fer
ther wythstand vs thē god wyll gyue hym leue/But whyther so euer
he cary vs we cary our payne wyth vs: ꝫ lyke as the body that hath
an hote feuer as feruētly burneth yf he ryde an horsbake as yf he lay
lapped in hys bedde:so cary we styll about no lesse here wyth vs/thē
yf we lay bounden here.And yet the dyspyghtfull syghtys that our
euyll aungellys brynge vs to beholde abrode/so farre augmeieth our
turment:that we wolde wyshe to be drowned in the darkenes that
ys here/rather than se the syghtys that they shew vs there.

For among they conuay vs in to our awne housys/ꝫ ther dowble
ys our payne wyth syght sometyme of þ selfe same thyngys whych
whyle we lyued was halfe our heuen to behold. There shew they
vs our substaunce and our baggys stuffed wyth gold:whych when
we now se/we sette myche lesse by theym then wold an old man that
foūd a bag of chery stonys whych he layd vp when he was a chylde.
What a sorow hath it be to some of vs whē þ deuyls hath in dyspyght-
full mokkage/caste in oure teeth our old loue borne to our money/ꝫ
thē shewed vs our executours as bysyly ryfling ꝫ rāsakyng our hou
sys/as thogh they were men of warr that had taken a town by force.

How heuely hath yt thynke you gone vnto our harte/when our
euyll aungellys haue grynned and lawghed and shewed vs our sam̄
wyuys so sone waxen wanton/ꝫ forgetyng vs theyre old husbandys
that haue loued theym so tendrely and lefte theym so ryche/sytte and
lawgh ꝫ make mery and more to sumtyme/wyth theyr new woars/
whyle our kepers in dyspyte kepe vs there in payne to stande styll ꝫ
loke on.Many tymes wold we then speke yf we coulde be suffred/ꝫ
sore we long to say to her:Ah wyfe wyfe ywysse this was not coue-
naunt wyfe/when ye wepte and tolde me that yf I lefte you to lyue
by/ye wold neuer wedde agayne. We se there our chyldren to/whō
we loued so well/pype syng and dawnce/ꝫ no more thynke on theyr
fathers soulys then on theyre olde shone:sauyng that sometyme cō-
meth owt god haue mercy on all crysten soulys.But yt cūmeth owt
so coldely and wyth so dull affeccyon/that yt lyeth but in the lyppys
and neuer cam nere the harte.Yet here we sometyme our wyuis pray
for vs more warmely.for in chydynge wyth her secunde husband
to spyghte hym wyth all/god haue mercy sayeth she on my fyrst hus-
band soule/for he was ywysse an honest mā farr vnlyke you.And
then meruayle we myche whē we here theym say so well by vs.for
they

they were euer wont to tell vs other wyʃe.

¶ But when we fynde in thys wyʃe our wiues / or chyldren and frẽdps / ʃo ʃone and ʃo clerely forgete vs / and ʃe our executours rap and rend vnto theym ʃelfe / catche euery man what he can and holde faʃte that he catcheth and care nothyng for vs: lorde god what yt greueth vs that we lefte ʃo mych bihynd vs / and had not ʃent hyther more of our ʃubʃtaunce byfore vs by our owne handys. For happy fynde we hym among vs / ÿ ʃendeth byfore all ÿ may be forborne. And he that ys ʃo loth to parte wyth aught / that hordeth vp his good and had as lyue dye almoʃt as to breke hys hepe / and then at laʃt when there ys none other remedye but that he muʃte nedys leue yt / repenteth hym ʃelf ʃodenly ¿ lakketh tyme to dyʃpoʃe yt / ¿ therfore byddeth his frẽdys to beʃtow yt well for hym : our lord ys yet ʃo mercyfull ÿ of hys goodnes he acceptyd ÿ good dedys ÿ hys executours do in pformyng his deuyce. And ʃyth that late is better thẽ neuer : our lord ʃome what alloweth the mannys mynde / by whych he wold hys goodys that he hath immoderately gathered and gredily kepte to gether as longe as he myght / were yet at the leʃte wyʃe well beʃtowed at laʃte when he muʃt nedys go fro thẽ. Whych mynde yet more pleaʃeth god / thẽ that a man cared not what were done wyth them. And therfor as we ʃay the goodnes of god ʃome what doth accepte yt . But yet ʃurely ʃyth we myght and ought to haue done yt our ʃelf / and of a fylthy affec= cyon toward our goodys could not fynde in our hart to parte from e= ny parte of thẽ / yf our executours now deceyue vs ¿ do no more for vs then we dyd for our ʃelfe : our lord dyd vs no wronge though he neuer gaue vs thanke of all our hole teʃtament / but imputed the fru= ʃtracyon and not pformynge of our laʃte wyl vnto our owne fawte : ʃyth the delay of our good dedys dreuen of to our deth / grew but of our owne ʃlewth and fleʃʃhely loue to the worldward / wyth faynte= neʃʃe of deuocyon to godward / and of lytle reʃpect and regard vnto our owne ʃoule. And ouer thys yf our executours do theʃe good thyn gys in dede that we do thus at laʃte deuyʃe in our teʃtament : yet our defawte dryuynge all to our deth as we told you byfore / though god as we ʃayd of hys hygh goodnes leueth not all vnrewarded / yet thys warnynge wyll we gyue you / that ye deceyue not your ʃelfe : we that haue ʃo dyed haue thus foũde yt / that the goodys diʃpoʃed af ter vs / gete our executours great thãke / ¿ be toward vs ward accõp ted afore god myche leʃʃe then half our awn / nor our thanke nothyng lyke to that yt wolde haue bene yf we had in our helth geuen half as mych for goddys ʃake wyth our awne handys. Of whyche we geue you thys frendely warnyng not for that we wold dyʃcorage you to dyʃpoʃe well your goodys whẽ ye dye : but for that we wold aduyʃe you to dyʃpoʃe then better whyle ye lyue.

¶ And amonge all your almoyſe / ſumwhat remēber vs: Our wy-
ups there remēber here your huſbandys. Our chyldzen there remē-
ber here your parentys. Our parentys there remēber here your chyl
dzen. Our huſbādys there remēber here your wyups. Ah ſwete huſ-
bandys whyle we lyued there in that wreched world with you / whyl
te ye were glad to pleaſe vs: ye beſtowed mych vppō vs ⁊ put your
ſelfe to greate coſte and dyd vs great harme therwyth ⁊ Wyth gay
gownys and gay kyrtels ⁊ mych waſte in apparell, ryngys ⁊ owchis /
wyth parteletts ⁊ paſtis garneſhed wyth perle / wyth whych proude
pykynge vp : both ye toke hurte and we to / many mo wayes then one
though we told you not ſo than. But two thyngys were there ſpecy-
all / of whych your ſelfe felt then that tone / and we fele now the to-
ther. for ye had vs the hygher harted and the more ſtoburn to you:
and god had vs in leſſe fauour : and that alak we fele. for now that
gay gere burneth vppon our bakkys : and thoſe prowd perled paſtys
hang hote about our chekis / thoſe parteletts and thoſe owchis hang
heup abowt our nekkys and cleue faſt fyre hote / that wo be we there
and wyſhe that whyle we lyued / ye neuer had folowed our fantaſy-
es / nor neuer had ſo kokered vs nor made vs ſo wanton / nor had ge-
uen vs other ouchys than vnions or gret garlyk heddys / nor other p-
les for our parteletts and our paſtys then fayre oryent peaſon. But
now for as mych as that ys paſſed and cannot be called agayn : we be
ſech you ſyth ye gaue thē vs let vs haue them ſtill let them hurt none
other woman but help to do vs good : ſell them for our ſakys to ſet vp
ſayntys coppys / and ſend the money hether by maſſe pennys ⁊ by pou
nien that may pray for our ſoulys.

¶ Our fathers alſo whych whyle we lyued foſtred vs vp ſo tēder
ly / ⁊ coud not haue endured to ſe vs ſuffer payn : now opē your hartt
⁊ fatherly affeccyon / ⁊ help vs at the leſte wyſe wyth a pore mannis
almes. Ye wold not when we were wyth you haue letted to lay out
mych money for a great mariage. Whych yf ye mēt for our ſakys ⁊ not
for your own worldly wurſhyp / gyue vs now ſum pte therof ⁊ re-
leue vs here wyth mych leſſe coſt then one maryage / ⁊ more pleſure
then. xv. though euery one were a prynce or a pryinceſſe of a realm.

¶ Fynally all our other frendys ⁊ euery good criſten man ⁊ woman
open your hartys ⁊ haue ſum pyte vppon vs. If ye beleue not ý we
nede your help / alas the lak of fayth. If ye beleue our nede and care
not for vs / alas the lak of pyte. for who ſo pytyeth not vs / whom cā
he pyte? If ye pyte the pore / there ys none ſo pore as we / ý haue not
a bratte to put on our bakkys. If ye pyte the blynde / there ys none ſo
blynd as we whych ar here in the dark ſauyng for ſyghtis vnpleſaūt
and lotheſum tyll ſum cūfort cum. If ye pyte the lame / there is none
ſo lame as we / that nether cā crepe one fote out of the fyre / nor haue
one hād at lyberte to defend our face fro the flame. Fynally yf ye py-
te any

te any man in payn/neuer kneꝩ þe payn comparable to ours : Whose
fyre as farre passeth in hete all the fyres that euer burned vppõ erth/
as the hottest of all those passeth a feynyd fyre payntyd on a wall.
If euer ye lay syk and thought the nyght long/ꝉ longed sore for day
whyle euery howre semed longer than fyue : Bethynk you then what
a long nyght we sely soulys endure/that ly slepelesse/restlesse/bur
nyng/and broylyng in the dark fyre one long nyght of many dayes/of
many wekys/and sum of many yeres to gether. You walter peraduen
ture and tolter in syknes fro syde to syde ꝉ fynde lytle rest in eny par
te of the bed : we ly boundz to the brondes and cãnot lyft vp our hed
dys. You haue your physycyõs wyth you that sumtyme cure and hele
you : no phisyk wyll help our payn/nor no plaster cole our hete. Your
kepars do you great ease and put you in good cũfort : our kepars ar
such as god kepe you from/cruell damned spyrytz/odyouse/enuyou
se/and hatefull/ dyspytuouse ẽmys and dyspytefull turmentours/
and theyr cũpany more horryble and greuous to vs/then ys the payn
yt self and thintollerable turment that they do vs wher wyth frõ top
to too they cease not contynually to tere vs.

¶ But now yf our other ennmys these heretikys almost as cruell as
they/procuryng to theyr power that we shulde be lõg left in þ dyuels
handys wyll as theyr vsage ys to rayse in stede of resonyng/make a
game and a ieste now of our heuy payn/and paduenture laugh at our
lamẽtacyon/bycause we speke of our heddz/our handys/our feete/
and suche our other grose bodyly mẽbers as lye beryed in our graue
ꝉ of our garmentys that we dyd were whyche come not hether wyth
vs : we bysech you for our dere ladyes loue to let theyre foly go by/
and to consyder in your owne wysdom that yt were impossyble to ma
ke eny mortall man lyuyng perceyue what maner payn ꝉ in what ma
ner wyse we bodylesse soulys do suffer and sustayne : or to make eny
man vppon erth perfytely to conceyue in hys ymagynacyon and fan
tasy/what maner of substãce we be : mych more impossyble then to
make a borne blynd man to perceyue in hys mynd the nature and dyf
ferẽce of coloures. And therfore except we shuld of our painfull state
tell you nothynge at all (and there wold they haue yt) we must of ne-
cessyte vse you such wordys as your selfe vnderstand/ and vse you
the symylytudz of such thyngys as your self ys in vre with. For syth
neyther god/angell nor soule/ys in such wyse blynd/dome/defe/ot
lame/as be those mẽ þ for lak of eyen/leggz/handz/tonge/or ere/be
weke ꝉ impotent in þ powers þ pcede frõ them : But haue in thẽ selfe
a farre more excellẽt syght/heryng/delyuernesse/and spech/by mea-
nys vncõntable to man/then eny mã can haue lyuyng here on erth :
therfore doth holy scripture in spekyng of such thingz/vse to reysent
thẽ to þ people by þ namys of suche powers instrumentz/ꝉ mẽbers/

as men

as men in such thyngys vse and occuppe thē selfe.Whyche maner of
spekynge in such case who so euer haue in derysyon : declareth very
well how lytle fayth he hath in Crystys awne wordys/in whychy our
sauyour hym selfe spekyng of the sowlys of the ryche gloton ꝗ poꝛe
nedy Lazarus/and of the Patriarch Abꝛaam also speketh in lyke maꝇ
ner as we do/of fynger and tōge to/wherof they had neyther nothyꝛ
there.And therfoꝛe who so maketh a mok at our woꝛdꝭ in this poynt:
ye may sone se what credence ye shuld geue hym/wheryn we be conꝰ
tent ye gyue hym euen as mych as ye se youꝛ selfe that he gyueth to
god : foꝛ moꝛe ye ought not and surely lesse ye can not . Foꝛ he geuet h
god not a whyt :But taketh in hys harte that stoꝛy told by god foꝛ a veꝛ
ry fantastyke fable.

¶And therfoꝛe as we say passing ouer suche iestyng and rapyng oꝼ
those vncherytable heretykys moꝛtall enymyes vnto vs and to theꝺ
self both : consyder you our paynys/and pyte thē in youꝛ hartys/and
helpe vs wyth youꝛ prayoꝛs/pylgrymagys and other almoyse deꝺꝰ
dys : ꝗ of all thyng in specyall pcure vs the suffragis and blessyd oꝼ
facyon of the holy masse / wherof no man lyuyng so well can tell the
frutc as we that here fele yt.

¶The cūfoꝛte that we haue here except our cōtinuall hope in our
loꝛd god/ cummeth at seasons from our Lady / wyth such gloꝛyouse
sayntys as ether our self wyth our own deuocyō whyle we lyued/oꝛ
ye wyth youꝛs foꝛ vs synnys our decease and departyng haue made
intercessours foꝛ vs. And among other ryght especyally be we behol
den to the blessyd spyrytys our own proper good angele/Whō when
we behold cūmyng wyth cūfoꝛt to vs/albe yt that we take great pleꝰ
sure and gretly reioyce theryn : yet ys yt not wythout mych cōfusyꝺ
on and shāfastnes/to consyder how lytle we regardyd our good anꝰ
gels ꝗ how seldū we thoght vppon thē whyle we lyued. They cary
vp our prayers to god ꝗ good sayntꝭ foꝛ vs : ꝗ they bryng down fro
thē the cūfoꝛt and consolacyon to vs. Wyth whych when they cum ꝗ
cūfoꝛt vs :only god and we know what ioy yt is to our hartys ꝗ how
hartely we pray foꝛ you. And therfoꝛe yf god accept the prayoꝛ afꝰ
ter hys own fauour boꝛn towarde hym that prayeth ꝗ thaffeccyon that
he prayeth wyth : our prayer must nedys be profytable/ foꝛ we stand
sure of hys grace. And our prayer ys foꝛ you so feruent/ that ye can
no where fynde eny such affeccyon vppō erth. And therfoꝛe syth we
ly so soꝛe in paynys ꝗ haue in our great necessyte so gret nede of youꝛ
help ꝗ ꝑ ye may so well do yt/wherby shall also rebownd vppō youꝛ
self an inestymable pfyte :let neuer eny slouthfull oblyuyon race vs
out of youꝛ remēbꝛaūce/ oꝛ malycyouse enmy of ours cause you to be
carelesse of vs/oꝛ eny gredy mynde vppō youꝛ good wythdraw youꝛ
gracyouse almes frō vs.Thynk how sone ye shall cū hether to vs:
thynk

tpynk what great grefe and rebuke wold then your vnkyndnes be to
you: what cūfort on the cōtrary part when all we shall thank you:
what help ye shall haue here of your good sent hether. Remember
what kyn ye and we be to gether: what familier frēdsyp hath ere this
bene betwene vs: what swete wordys ye haue spoken and what pro
myse ye haue made vs. Let now your wordis appere and your fayre
promyse be kept. Now dere frendys remēber how nature & crystendō
dom byndeth you to remēber vs. If eny poynt of your old fauour/
eny pece of your old loue/eny kindnes of kinred/eny care of acquayn
tance/eny fauour of old frendshyp/eny spark of charyte/eny tender
poynt of pyte/eny regard of nature/eny respect of crystendū/be left
in your brestys: let neuer the malyce of a few fond felowes a few
pestylent persons born toward presthod/relygyon/and your crysten
fayth: race out of your hartys the care of your kynred/all force of
your old frendys/and all remembraunce of all crysten soulys. Remē
ber our thurst whyle ye syt & drynk: our honger whyle ye be festing:
our restlesse watch whyle ye be slepyng: our sore and greuouse payn
whyle ye be playng: our hote burnyng fyre whyle ye be in plesure &
sportyng: so mote god make your offsprynge after remēber you: so
god kepe you hens or not long here: But brynge you shortely to that
blysse/to whych for our lordys loue help you to brynge vs/and we
shall set hand to help you thyther to vs.∴   finis.

Cum priuilegio.∴

¶The fawtys escappd in the pryntyng.

fol.	Pagi.	Linea	¶The fautys.	¶The amendemētys.
ii.	ii.	xiiii.	enuopuse	enupouse
iii.	i.	xxxi.	prpoure	prapour
iiii.	i.	xxix.	to	so
viii.	ii.	xliii.	in hys	in thys
ix.	ii.	xxxviii.	he	the
xxi.	ii.	xxxvii.	at pought	at noughe
xxii.	i.	xxvi.	wythdrade	wythdraw
xxii.	ii.	xxxi.	euerlpstyng	euerlastyng
xxiiii.	ii.	i.	long so	so long
xxvi.	ii.	vii.	hole	holy
xxxvi.	i.	x.	hys	thys

∴